Alex Bergstedt

Wunderbares erschreckendes Brasilien

Eine ungewöhnliche Reise durch
ein Land im Umbruch und
voller Widersprüche

www.tredition.de

© 2016 Alex Bergstedt
Umschlag, Illustration: Jaqueline Caldeira Euzen

Verlag: tredition GmbH, Hamburg

ISBN
Paperback   978-3-7345-7922-6
Hardcover   978-3-7345-7923-3
e-Book   978-3-7345-7924-0

Printed in Germany

20 Jahre als Musiker und Übersetzer in Brasilien gekoppelt mit meiner natürlichen Vorliebe zu riskanten Dingen und meinem Interesse für das, was den meisten verschlossen bleibt, verschafften mir Zutritt zu sozialen Milieus, die den Journalisten und Schriftstellern normalerweise unzugänglich sind. Ich speiste mit dem berühmtesten Drogendealer, aber auch mit Gouverneuren, Obdachlosen, Prostituierten, Terroristen... Ich war im Gefängnis, ich war im Senat und gewann Einblick hinter die Kulissen, ich war unter den Brücken, wo Obdachlose hausen und an vielen anderen ungewöhnlichen Orten.

Als Musiker verkehrt man als Quereinsteiger in allen gesellschaftlichen Schichten und gewinnt viele Freunde, und durch meine Mitarbeit in sozialen Projekten lernte ich weiter die Welt der Verlorenen kennen.

Diese ungewöhnliche Reise durch die brasilianische Gesellschaft beginnt und endet in der Favela und zeigt schonungslos die Facetten der brasilianischen Gesellschaft am Beispiel der Schicksale einiger Familien und Personen. Lernen Sie in diesem Buch die Besonderheiten der brasilianischen Favelas kennen, die ausgeprägte Religiosität mit ihren guten Seiten und ihrem Missbrauch, die absurde Welt der Kriminalität und der Gefängnisse, die organisierte Kriminalität der Politik, die Prostitution, die verbleibenden Spuren der Sklaverei, die Eigenarten der brasilianischen Sprache, die vermeintliche sexuelle Freiheit und vieles mehr.

Ich danke allen Menschen in Brasilien, die mich durch ihr farbiges Leben zum Schreiben dieses Buches anregten, und besonders meiner Frau, die mir vieles zeigte, das ich sonst nicht gesehen hätte.

Es war gegen halb neun Uhr abends, als ich den Morro do Papagaio, den Papageienhügel, die berüchtigte Favela in Belo Horizonte, betrat, und die Stadt lag bereits zwei Stunden im Dunkel, da die Nacht in Brasilien immer unvermittelt kurz nach sechs hereinbricht. Ein Wort für Abend gibt es gar nicht, man begrüßt sich denn auch ab 18 Uhr gleich mit Boa Noite, was Gute Nacht heißt.

Natürlich ist die Dunkelheit in der Stadt nicht total, denn selbst in der Favela gibt es in der Regel Straßenlaternen, und auch die Häuser sind elektrifiziert, sei es durch die Elektrizitätswerke oder durch illegales Anzapfen der Stromleitungen. Wer zu seinem Haus eine heimliche Leitung vom Strommast verlegt, wird natürlich von allen Nachbarn gesehen, aber niemand schert sich darum. Sie nennen solche illegalen Leitungen liebevoll „gato" (Katze oder Kater), und man sieht sie durchaus gelegentlich auch in wohlhabenderen Wohngegenden. Die mit 110 Volt niedrige Spannung erleichtert den Pfuschern die Arbeit, und so sind die Kabel auch oftmals gar nicht richtig isoliert und die Drähte einfach zusammengedreht.

Aber es gibt natürlich dunkle Ecken im Hausschatten, wo man sich nicht gerne lange aufhält, es sei denn, man knutscht gerade und will nicht gesehen werden. Gleich nach dem Eintritt in die Favela kommt so eine Stelle. Man passiert das letzte normale Mehrfamilienhaus, geht eine kurze Treppe hinauf und befindet sich auf einem Wall wie auf einem Deich, und von dort aus sieht man das ganze Tal wie einen Krater, in dem sich die Favela ausbreitet. Ja, diese Favela liegt nicht auf einem Hügel, sondern in einer kraterähnlichen Vertiefung. Es nieselte, was bei der Wärme niemanden sehr stört, aber für alle Fälle hatte ich ein Regencape dabei und war geschützt. Jedenfalls gegen den Regen, nicht aber gegen das, was kam. Eine Sekunde kapierte ich gar nichts, ich wurde herumgewirbelt und hatte ein Messer am Hals. Spürte jemanden im Rücken, und vor mir stand ein junger Mann mit einer Pistole. Mir erschien die Zeit wie eingefroren, aber möglicherweise dauerte es nur ein oder zwei Sekunden bis der Mann, der mir gegenüberstand, herausstieß: Der ist es nicht.

Sie erfragten meinen Namen und wo ich hinwolle, und gaben sich damit zu Frieden. Da wusste ich, dass alle Vorsicht meiner Freunde in der Favela richtig gewesen war. Ich war gefragt worden, ob ich nicht Musikunterricht für die Kinder in einer Favela geben könnte, und zwar in einer kirchlichen Kindertagestätte, und hatte vor einigen Wochen damit begonnen. Und in den ersten Tagen hatte mich immer eine Mitarbeiterin, die wie alle Erzieherinnen in der Favela wohnte, an der Grenze der Favela abgeholt. Bevor ich dann nach einigen Tagen alleine die Favela betreten durfte, wurde ich in der Bar, die gleich am Anfang liegt, vorgestellt, damit ich mich im Konfliktfall darauf berufen könnte, dass ich bereits bekannt sei. Aber in diesem Falle war es nicht nötig, dass ich mit dem Barbesitzer gegenübergestellt wurde, sondern die Männer ließen mich so laufen. Vielleicht kannten sie den Namen der Familie, die ich besuchen wollte, oder ihnen reichte meine klare und sichere Antwort.

Trotzdem zitterte und schwitzte ich noch, als ich das Haus meiner Bekannten betrat. Von außen sieht man, wie bei fast allen Häusern in der Favela, nur die rohen billigen roten Ziegel, und daher erschrickt man vor der Armut, zumal einige Fenster nicht einmal verglast sind. Aber von innen ist das Haus wie die meisten hübsch verkachelt, und besonders das Bad ist ein Schmuckstück, auch wenn die Armaturen aus Plastik sind und die goldenen Linien darauf kaum etwas wirklich Wertvolles suggerieren können. Meine Bekannten sahen, dass ich geschwitzt hatte, und boten mir gleich an, mich zu duschen.

Einige Wochen vorher hätte ich das natürlich abgelehnt, um keine Umstände zu machen, das wäre aber etwa so aufgenommen worden, als wenn ein Gast in Deutschland es dankend ablehnte, vor dem Essen die Hände zu waschen. Da ich bereits wusste, dass es erwartet wird, das Angebot anzunehmen, ging ich ins Bad. Wie in einer selbst noch so armem brasilianischen Familie zu erwarten, war es penibel sauber. Der unschöne Geruch stört einen vor allem zu Anfang und lässt an Unsauberkeit denken, aber sie bauen einfach keine Geruchsverschlüsse, und so kommt immer ein leichter Gestank auf, an den sich die Einheimischen so gewöhnt haben, dass sie ihn gar nicht mehr wahrnehmen.

In Brasilien duscht man mehrmals täglich, jedenfalls solange es warm ist. In einigen Gegenden fallen die Temperaturen auch auf bis zu null Grad, was sehr unangenehm sein kann, da es in der Regel keine Heizungen gibt. Damit kann sich auch die Duschlust auf bis zu einmal pro Tag reduzieren, und dieses eine Mal empfinde ich bei etwa 5 Grad Außen- und Innentemperatur schon als Vorstufe der Folter. Die Häuser sind sehr luftig gebaut, was bei der Hitze auch angebracht ist, und so bieten sie gegen die Kälte nur einen Windschutz. Trotzdem werden die einfachsten Hütten, die nur ein Wellblechdach über dem Wohnraum haben, von etwa 13 Uhr bis abends unbenutzbar, da die unbarmherzige brasilianische Sonne sie auflädt wie ein in der Sonne geparktes Auto.

Auch mit seinen Kleidern ist der Brasilianer sehr sauberkeitsbewusst. Nach einem Tag wird alles in die Waschmaschine oder die Wascheimer geworfen. Wenn während des Tages die Kleidung gewechselt wurde, so wie zum Beispiel Kinder nach der Schule die Schuluniform ausziehen, werden alle diese gewaschen. Auch das Auto, der Fußboden, das oftmals wie eine Terrasse zubetonierte kleine Grundstück und sogar der Bürgersteig werden mit Seifenwasser begossen, geschrubbt und mit dem Wasserschlauch nachgespült, was immer wieder bei Wassermangel von den Behörden mit mäßigem Erfolg verboten wird.

Nicht so genau wird die Sauberkeit der Hände genommen, etwa 50% der Besucher waschen sich in Restaurants nach dem Toilettengang nicht die Hände, und kaum 10% waschen sich die verschwitzten Hände in Restaurants vor dem Essen auch ohne Austreten zu müssen. Dabei kann man vor dem Essen sogar Duschen, wenn man will, was auch zum Teil von Obdachlosen ausgenutzt wird. Ja, sogar Obdachlose sind relativ sauber, und wenn sie nicht ins Restaurant dürfen und auch keinen öffentlichen Brunnen haben, nehmen sie einfach den Schlauch oder die Wasserkanne an einer Tankstelle und nehmen eine Dusche. Natürlich nicht nackt, aber meistens haben sie ja sehr dünne Kleidung. Die Mädchen haben enganliegende, dünne Shorts und Hemdchen, oder nur ein Bikinioberteil, und sie reiben sich an der Tankstelle ungeniert die Höschen über der Vagina, während das Wasser an ihnen herunterfließt.

Aber die Obdachlosen leben natürlich nicht in der Favela, da das Umfeld zum Betteln für sie dort ungünstig ist. Sie leben vorzugsweise in leerstehenden Häusern oder unter Brücken, wo sie eine Art Camping machen, statt eines Zeltes verwenden sie, je nach Laune und Organisationsgrad, ein paar alte Apfelsinenkisten, Pappkartons, Planen, und einige konstruieren daraus sogar ein Häuschen, leben als Mann und Frau, haben Kinder, und mit Glück kommt einmal oder mehrfach in der Woche eine Gruppe einer Kirche vorbei und bringt Essen und mehr.

Solche extrem einfachen Häuser sieht man auch in den Favelas, aber sie machen nur etwa 5% aus. Alle anderen Häuser sehen zwar von außen schäbig aus, aber von innen sind sie gut eingerichtet, haben Mikrowelle oder Flachbildfernseher und mehr. Zwar sind die Löhne niedrig, aber in der Favela sind die Grundstücke illegal besetzt worden, daher fallen keine Mieten an und das Haus baut man nach und nach aus billigen Materialien, was bei fehlendem Winter auch nicht weiter schlimm ist. Man braucht kein Doppelglas oder aufwendige Außenwände. Wer kein Grundstück mehr findet, stockt einfach ein Geschoss auf ein schon bestehendes Haus auf, das meist einem Verwandten gehört. Natürlich alles ohne Architekt und Baugenehmigung. Einfach drauf losgewurschtelt. Der darunterliegende Verwandte freut sich, da seine Wohnung jetzt nicht mehr so von der Sonne erhitzt wird.

Etwa ebenfalls 5% der Häuser sind richtig gute Häuser. Ihre Besitzer sind zu Geld gekommen, wollen aber in der Favela bleiben. Manchmal sieht man von oben die blauen Swimmingpools. Einige der Häuser gehören Drogenbossen.

8

Nicht alle Favelas werden von Drogenbossen regiert. Einige werden von der Polizei befreit und, um die Bevölkerung zu gewinnen, mit etlichen sozialen Maßnahmen versehen. Andere werden von privaten Milizen aus Polizisten, ehemaligen Polizisten und diversen anderen Männern regiert, die nicht vom Drogenhandel leben wollen, sondern von den armen Favela-Bewohnern eine Kopfsteuer für Schutz und Sicherheit eintreiben. Immer wieder staunt man, wie die Bevölkerung gegen die Polizei demonstriert und vor den Drogenbossen kuscht und sogar für diese demonstriert. Wenn bei einer Schießerei zwischen Polizei und einer Drogengang durch einen Querschläger ein Kind getötet wird, demonstrieren die Leute gegen die Polizei, und oftmals sperren sie eine große Straße mit brennenden Autoreifen oder zünden einen städtischen Bus an. Das Phänomen ist für Außenstehende schwer zu verstehen, auch wenn man weiß, dass die Polizei in Brasilien wie alles unter Korruption leidet und oftmals Härte zeigen muss, aber im Allgemeinen gilt sie als vertrauenswürdiger als die meisten anderen Einrichtungen.

Psychologen vergleichen dieses Phänomen daher oftmals mit der Presse und Teilen der Bevölkerung im christlich geprägten Westeuropa, die sofort voller Kritik sind, wenn einer ihrer Politiker, ihrer Kirchen, deren Mitarbeiter oder auch ein normaler Bürger etwa etwas Unethisches macht, aber die Augen zudrückt, wenn etwa ein moslemischer Einwanderer sich daneben benimmt. Es schockt mehr, wenn etwa ein Pastor in die Kirchenkasse greift, als wenn eine moslemische Jugendgang eine Gruppenvergewaltigung einer (natürlich nichtmoslemischen) Jugendlichen durchführt, da man von dem Pastor natürlich eigentlich etwas Anderes erwartet hat und dieser ja auch sicherlich selbst immer gesagt hat, dass man so etwas nicht tun dürfe. Der durchschnittliche Bürger spiegelt sich in so einem Pastor, da er unbewusst seine eigenen Widersprüche spürt, und sich daher durch dessen Fehltritt moralisch angegriffen fühlt.

Wer hingegen Drogenboss ist, kann sich selbst treu bleiben, ähnlich wie so eine moslemische Jugendgang, und ebenso wie zum Beispiel zu anderen Zeiten die Nationalsozialisten, die ganz unverblümt das Böse praktizierten, aber dazu auch in Wort und Theorie standen, also in gewissem Sinne aufrichtiger wirkten und daher auch bei Teilen der Bevölkerung in fast allen Ländern gut ankamen.

Ähnlich wie die Nazis bedenken die Drogenbosse die Bevölkerung auch mit Wohltaten. Ein Drogenboss kann ohne ethische Probleme Spielzeug verteilen, nachdem vielleicht nachts seine Leute ein Spielzeuggeschäft ausgeplündert haben. Sollte die Polizei einrücken und das Spielzeug wieder einsammeln, lernen alle Kinder gleich, dass der Drogenboss gut ist und die Polizei schlecht, und die Aktion war kostenlos für den Drogenboss. Ab und zu investiert er auch sogar Geld, um einem Kranken eine Operation zu ermöglichen oder etwas anderes möglichst Aufsehenerregendes zu bezahlen. Da spricht die Bevölkerung drüber, während man bei der Regierung darüber spricht, wenn sie es nicht bezahlt. Niemand lobt zum Beispiel die Regierung in Deutschland, weil es kostenlose Schulen gibt.

Ebenfalls sorgt ein Drogenboss für eine gewisse Ordnung. Die mag zwar nicht immer gerecht sein, aber das erwartet man ja auch gar nicht. So mögen sich die Mädchen und Frauen sicherer fühlen, da der Drogenboss Vergewaltiger hinrichten lässt, aber das gilt natürlich nicht für den Fall, dass die Drogengang selbst vergewaltigt. Aber diese Männer und Jugendlichen vergewaltigen nicht ziellos, sondern es lässt sich fast mit einer Diktatur wie die von Saddam Hussein vergleichen, wo dessen Familie durchaus einige Mädchen zum Sex zwang, aber ansonsten mit harter Hand eine relative Ordnung schuf, so dass die Sicherheit jedenfalls viel größer war als nach dem Sturz des Diktators.

Ähnlich sah die Situation im Dritten Reich aus, wo die Sicherheit zwar für einige gleich null war, sie als Freiwild verfolgt wurden, aber viele andere sich später erinnerten, dass viel Sicherheit geherrscht habe. Zwar kannte fast jeder jemanden, der verfolgt wurde, aber sofern es nicht gerade jemand der engsten Familie ist, kann das leicht mit dem Gedanken verdrängt werden, dass das Opfer es sich sicherlich wenigstens zum Teil selber verschuldet habe. Mit Sicherheit schloss die Mehrheit daher für sich die mögliche Gefahr aus, und wenn einer verhaftet wurde, weil er vielleicht zu einem Juden freundlich und hilfreich war oder die falsche Musik gehört hatte oder in einem Brief etwas Falsches geschrieben hatte, fiel er oft aus allen Wolken.

So glauben sich auch viele von einem Drogenboss gut behütet. Um seine Muskeln zu zeigen, kann der Drogenboss verfügen, dass die Schulen einen Tag geschlossen bleiben oder eine Ausgangssperre, meist ab 22 Uhr, verhängen. Taxis, die in der Favela verkehren, müssen von ihm lizensiert sein. An der Grenze der Favela muss man daher sein Taxi wechseln und in ein Favelataxi umsteigen. Die Busse können meistens ohnehin nicht in die Favela fahren, da die Straßen zu eng sind. Manche Favelas an steilen Hügeln verfügen ohnehin nur über Treppen, so dass Einkäufe, Baumaterial und manchmal sogar Wasser die bis zu 500 Stufen hinaufgeschleppt werden müssen.

Wer dort unbefugt hinaufläuft, sollte zügig gehen, so wie jemand, der von der Arbeit zurückkommt oder jemanden routinemäßig besucht. Sollte er zögern, um sich umzuschauen oder gar die tolle Aussicht zu genießen, fiele er sofort als Ortsfremder auf und es könnte ihn teuer zu stehen kommen. Stapft er aber immer verdrossen drauf los, kommt er in der Regel durch, da natürlich die Männer der Drogengang nicht alle Bewohner kennen. Eine Favela kann Tausende umfassen.

Aus der Luft erkennt man die Favela an dem Gewimmel der kleinen, krummen Straßen oder Treppen. In der Favela Morro do Papagaio, wo ich arbeitete, gab es sogar Kleinbusse mit etwa 25 Sitzplätzen, die der städtisch lizensierten Busfirma gehörten, und deren Fahrer dem Drogenboss bekannt waren und Genehmigung für ihre Fahrten hatten. An der Grenze der Favela stieg man dann um.

Der international bekannteste brasilianische Drogenboss ist Fernandinho Beira-Mar aus Rio de Janeiro. Nachdem er seinen Ruf erworben hatte, beherrschte er ein großes Gebiet direkt und weitere

Gebiete über verbündete Gangs. Wer bei ihm zu Hause zu Gast war, erlebte ihn als knapp dreißigjährigen als fürsorgenden Familienvater, umgeben von Eltern und Schwiegereltern. Seine Tochter wurde von ihm sehr verhätschelt, und seine Frau war durchaus nicht so unterwürfig wie man es einem Drogenboss gegenüber erwartet hätte, der sich die Frauen wie Ware nehmen könnte. Natürlich war er nicht treu, aber das kann eine Frau eines Drogenbosses auch nicht erwarten. Immerhin konnte sie an der Öffentlichkeit die Rolle einer angesehenen Frau spielen und ihre Eltern bekamen ein schönes Haus.

Als er im Jahr 2001 verhaftet wurde, begannen große Probleme für die staatliche Sicherheit. Beira-Mar hatte einen Flug nach Kolumbien unternommen, wo er mit der revolutionären FARC verbündet war, die ihren Guerillakampf mit Drogenanbau finanzierte. Beira-Mar war natürlich im Privatflugzeug gereist. Als er auf dem Flughafen landete, stellte er zu spät fest, dass dieser gerade von der Armee eingenommen worden war. So wurde er festgenommen und ausgeliefert.

Sein Pilot war ein Israeli, ebenfalls hochintelligent, Atheist und Liebhaber guter Bücher. Während Beira-Mar in der Haft die zweistündigen „Sonnenbäder", wie die täglichen Auslaufzeiten im 50 Quadratmeter großen betonierten Innenhof sich nennen, nutzte, um in größerer Runde Karten zu spielen, wobei die Männer im Kreis auf der Erde sitzen mussten, machte der Pilot seine Sportübungen und diskutierte über Philosophie und Geschichte, sofern er dafür einmal einen Partner fand.

Beira-Mar kommandierte sein Gebiet auch aus dem Knast heraus. Natürlich sind Handys im Gefängnis verboten, aber die Korruption und die Erpressbarkeit der Wachbeamten sind einfach zu groß. Zunächst lag Beira-Mar im Polizeipräsidium in Brasilia, wo kaum mehr als 30 Häftlinge liegen, meistens besondere Fälle. Beira-Mar führte viele Gespräche über Handy, was natürlich der Polizei immer auffiel. So gab es jeden Tag, meist während des Sonnenbades, ein von außerhalb des Gefängnisses gekommenes Kommando der Polizei, das die Zellen durchsuchte und meistens denn auch das Handy schnell fand. Beira-Mar machte sich keine Mühe, es zu verstecken. Die Polizisten wussten ja, dass er eines besaß und hätten nicht lockergelassen, hätten vielleicht in den Matratzen gekramt und Körpervisiten gemacht und damit nur das Sonnenbad gestört. Beira-Mar hatte bereits während des Morgens erledigt, was er mit dem Handy erledigen musste und konnte am Nachmittag auf das Handy verzichten. Am nächsten Morgen erschien dann immer der Direktor des Gefängnisses und brachte Beira-Mar ein schönes verchromtes Tablett, so wie ein Hotelpage. Auf diesem lagen etwa zehn Zeitschriften von anspruchsvollen Blättern bis hin zu Pornos, die der Drogenboss gelesen oder auch direkt ungelesen an die anderen Gefängnisbewohner weiterreichte. Außerdem lag auf dem Tablett ein neues Handy, schon ausgepackt und mit Karte, also sofort benutzbar.

Als Beira-Mar in ein richtiges Gefängnis verlegt wurde, erschoss er dort einen Konkurrenten, der ebenfalls dort einsaß, mit einer Maschinenpistole. Wo Handys so einfach reingehen, sind auch Schusswaffen zu finden. Die zu Besuch kommenden oder befohlenen Mädchen und Frauen scheiden als Überbringer aus, denn sie müssen sich durchaus nackt ausziehen und in die Hocke gehen, so dass eine von einer mutigen Ehefrau oder gehorsamen Prostituierten im Bauch versteckte Waffe leicht sichtbar werden würde. Waffen werden auch für die häufigen Gefängnisrevolten gebraucht, obwohl man dafür nur eine Mindestzahl von zwei echten Pistolen und vier aus Seife im Gefängnis kunstvoll hergestellte Spielzeugpistolen braucht, um das Wachpersonal zu überrumpeln und einige von ihnen als Geiseln zu nehmen.

Beira-Mar wurde dann noch öfters verlegt, die Regierung wusste bald nicht mehr, wohin mit ihm, und die Verlegungen wurden zu einem Politikum, das fast an Staatsbesuche von Politikern in der DDR erinnerte, mit dutzenden abgesperrten Straßen und einigen Hundertschaften von Polizisten, die den Transport beschützten.

Wer mit ihm verbündet war, hatte ein gutes Leben im Gefängnis, solange er mit ihm zusammen war. Da half es auch nicht, dass Beira-Mar in einer Isolierzelle saß, die sogar Handysignale abschirmte. Die Telefoniererei ging weiter, die Gefängnisdirektoren fanden immer Wege, um die Regierung und die Öffentlichkeit zum Besten zu halten. So wurden auch seine Freunde bestens versorgt. Aber auch wer ihm neutral war, konnte profitieren, als Zweitleser der Zeitschriften oder wenn einmal Kuchen oder andere Leckerbissen übrig waren.

Außer Geld bietet ein Drogenboss den Verantwortlichen im Knast natürlich noch mehr. Er zwingt auch junge Mädchen, die zu Besuch kommen müssen, vorher oder nachher dem einen oder anderen Funktionär zu Willen zu sein. Ohnehin ist bekannt, dass viele Mädchen auch einsitzende Freunde im Knast bedienen müssen. Der Besuch kann ein Intimbesuch auf einer Einzelzelle sein, wie es in Europa auch bekannt ist, aber dieser soll eigentlich nur für Paare sein, die Beziehungen haben. Ein weniger mächtiger Drogenboss schafft es oftmals nicht, die Gefängnisverwaltung zu bewegen, dass sie einem seiner Mitbewohner im Knast einen Intimbesuch mit einem hübschen Mädchen aus seiner Favela erlaubt, wenn sie der Freund vorher gar nicht kannte und daher auch keine Partnerschaft geltend machen kann.

Die gewöhnlichen Besuche finden im Innenhof statt, der auch zum Sonnenbad genutzt wird, und der in großen Gefängnissen mindesten die Größe eines Handballfeldes hat. An den Ecken konstruieren die Häftlinge Zelte aus mitgebrachten Wolldecken oder Bettlaken, und darinnen müssen sich die Mädchen prostituieren. Es sind nicht nur von großen Bossen herbeibefohlene Mädchen aus dessen Favelas, meisten solche, die den Gangs schon immer mehr oder weniger freiwillig zu Diensten waren, sondern auch Nichten und Cousinen von ganz einfachen Häftlingen, Männer, die sonst nichts haben als ihre weiblichen Verwandten um für irgendwelche Gefälligkeiten zu bezahlen.

Aber das wichtigste Druckmittel der Drogenbosse ist die Erpressung. Immer gibt es Beamte, die entweder sogar selbst in einer Favela wohnen, oder aber Verwandte haben, die dort wohnen. Der Drogenboss, der herausfindet, dass in seiner Favela oder in der Favela einer befreundeten Gang so jemand wohnt, ruft den Beamten und bietet ihm seinen Schutz für diese Personen an. Der Beamte weiß, was es bedeutet, wenn er es ablehnte. Man würde bald merken, dass der Schutz wichtig gewesen wäre. So muss er annehmen und befindet sich fortan in der Hand des Drogenbosses.

Das Schlimmste aber, was Mädchen oder jungen Frauen in Brasilianischen Gefängnissen angetan wird, ist nur möglich, weil es sowohl unter den Polizisten und natürlich vor allem unter den Gefangenen Perverse gibt, die sich am Leid und der sexuellen totalen Unterwerfung eines Mädchens aufgeilen. Es ist bereits mehrfach aufgedeckt worden, dass eine junge Frau, die die Polizisten bei der Festnahme und Vernehmung beleidigt und provoziert hatte oder einfach nicht gefällig sein wollte, zur Strafe und damit es wirklich bereue, mit Männern zusammen eingesperrt wurde. Wenn so ein Fall herauskommt, stellen die Polizisten es als Versehen dar. Oftmals scheren sie dem Mädchen die Haare, damit man es nicht gleich als Mädchen erkennt. So merkt ein etwaiger Kontrolleur, der nicht mit den Polizisten unter einer Decke steckt, den Betrug nicht so leicht.

Die Polizisten, die als Wachpersonal im Gefängnis arbeiten, nehmen das Mädchen und führen es ab. Es geht durch die Flure des Gefängnisses. Links und rechts sind die etwa 25 Quadratmeter großen Zellen, die zum Gang hin ein großes Gitter haben, an dem die Gefangenen wie die Affen im Zoo stehen und hängen und grölen, pfeifen und anzügliche Bemerkungen machen, wenn ein Mädchen vorbeigeführt wird. In jeder Zelle gibt es acht Betten aus Beton in zwei Etagen, oder 12 Betten in drei Etagen. Aber häufig pfercht man mangels Gefängnisraumes 25 bis 30 Männer in so eine Zelle.

Normalerweise führt der Weg eines weiblichen Häftlings nicht durch die Flure der Männer, sondern die Frauen haben einen Flügel für sich. Aber das weiß die Gefangene in dem Moment natürlich nicht und schöpft daher keinen Verdacht. Dann öffnen die Polizisten die Tür einer der überfülltesten Zellen, entsichern die Waffen, damit die Häftlinge zurücktreten und stoßen das Mädchen dann hinein. Sie schließen die Tür, während ein Tumult in der Zelle aufbrandet, und die Männer beginnen immer lauter zu schreien, das Mädchen stößt grelle Schreie aus und ruft die Polizisten verzweifelt zu Hilfe, und diese grinsen sich zu und gehen langsamen Schrittes davon.

Nach wenigen Tagen wird die Gefangene aus der Zelle befreit und ist meistens danach sehr fügsam. Wochen oder Monate später, wenn sie vielleicht entlassen wird, hat sie meistens kein Interesse, mit der Geschichte an die Öffentlichkeit zu gehen. Aus Scham und auch aus Angst vor der Rache der Polizisten und mehr noch aus Angst vor ihren Vergewaltigern im Gefängnis und deren Komplizen in Freiheit. Denn die Mädchen werden mit illegalen Handys gefilmt und die Gefangenen sagen dem Mädchen, dass ihre Komplizen draußen die Filme bekommen hätten und es aufspüren, packen und zu ihrer Zwangsprostituierten machen würden.

Es gibt auch den Fall, dass ein großer Drogendealer oder anderer Gefangener seinen Kumpels und sich selbst einen Gefallen tun will und die Polizisten schmiert, damit sie ein Mädchen in seine oder eine andere von ihm benannte Männerzelle hineinstoßen.

Und in manchen Fällen wird das Mädchen nach ein paar Tagen aus der Zelle befreit, und es wird ihm gesagt, dass man ihre Bitte erhört habe und sie eine andere Zelle erhalte, und dann wird sie in eine andere Zelle mit 20 oder mehr Männern gestoßen, wo sie wiederum einige Tage bleibt. Im schlimmsten bislang offiziell bekannten oder über Netzwerke durchgesickerten Fall musste ein Mädchen auf sechs verschiedene Zellen, und auf zwei von ihnen sogar mehrfach, das Martyrium dauerte fast vierzig Tage und das Mädchen wurde über 4000 Mal vergewaltigt und dann von einem Tag auf den anderen auf die Straße gesetzt. Ohne Alternative und völlig außer sich wehrte es sich nicht, als es von jemandem abgeholt wurde, der von einem der Gefangenen angerufen worden war, und in ein Bordell gebracht, wo es seitdem für ihn arbeiten muss.

Während in Deutschland reiche Leute gerne auf Bergen ihre Häuser konstruieren, wäre das in Brasilien undenkbar, da auf den Bergen normalerweise die Armen wohnen. Die Aussicht ist manchmal so schön, dass pfiffige Bewohner ihre einfachen Häuser schon mit einem Zimmer für Touristen angeboten haben, ein Unterfangen, das jedoch wegen der Sicherheitsprobleme für Nichtanwohner in von Drogenbossen beherrschten Favelas schwierig oder unmöglich ist. Die Elektrizität ist wie gesagt immer gewährleistet, beim Wasseranschluss muss aber auf die Aktion der Wasserwerke gewartet werden. Das Wasser hat wenig Druck in Brasilien, wobei bei den maroden Wasserleitungen der Städte trotzdem teils über die Hälfte des Wassers durch Lecks verloren geht. Wegen des geringen Drucks reichen im Haus billigste Plastikrohre, die jeder selbst verlegen kann. Wenn neue Bewohner sich weiter den Hügel hinauf ein Haus bauen, nützte es ihnen jedoch nichts, schwarz eine Leitung anzuzapfen, da der Druck nicht so weit reicht. Die Wasserwerke müssten sich dazu aufraffen, eine neue Zwischenpumpe zu installieren. Natürlich versucht die Bevölkerung Druck zu machen, oft auch mit Hilfe der Presse.

Weniger Interesse besteht hingegen an einer Abwasserentsorgung. Dafür müsste denn ja auch eine Gebühr erhoben werden, und die Bewohner haben sich sowieso schon an die schmutzigen Abwasserbäche gewöhnt. Diese durchfließen auch bessere Viertel; selbst wenn diese an ein System angeschlossen sind, können die Bäche aus anderen Stadtteilen ja dort hindurchfließen. Oftmals sind es ehemalige natürliche Bäche, die in den Städten in betonierte Kanäle gezwängt werden. Oftmals deckelt man sie mit riesigen Betonplatten. So verschwindet der Drecksbach aus den Augen, nicht jedoch aus der Nase. Doch wer dort wohnt oder öfter vorbeikommt, hat sich gewöhnt und nimmt den Geruch ebenso wenig wahr, wie eine Verkäuferin in einem Teeladen das Aroma der Tees nicht mehr riecht, oder wie ein jeder von uns unfähig ist, seinen eigenen Körpergeruch zu spüren.

In den Städten des Südens Brasiliens sind fast alle Haushalte angeschlossen, im Norden eher wenige. Ohnehin merkt man das Nord-Süd-Gefälle an Vielem, wobei es umgekehrt verläuft wie in der nördlichen Halbkugel. Der Süden Brasiliens ist weniger heiß, hat daher mehr europäische Zuwanderer und ist viel entwickelter. Die deutschen, polnischen und italienischen Einwanderer konzentrierten sich auf diese Regionen, abgesehen von einer weiteren Enklave nördlich von Rio, dem Bundesstaat Espirito Santo, der allerdings viele höhere Lagen hat und daher etwas weniger von der Hitze geplagt wird. Die Sonne scheint hier allerding genauso stark wie im Flachland und hat den weißhäutigen Einwanderern meistens schnell die Haut verdorben, zumal sie oft nicht viel zum Anziehen hatten.

Ein deutscher Knecht in der Landwirtschaft kam im 19. Jahrhundert ins Träumen, wenn er hörte, dass ein europäischer Einwanderer (im Gegensatz zu freigelassenen oder durch Gesetz befreiten Afrikanern) ein gutes Stück Land geschenkt bekam oder aber nach etlichen zahlungsfreien Jahren langsam abstottern konnte. Es wurde oft alles verkauft, und mit wenigen Koffern und einem bisschen Werkzeug machten sich Familien auf die oft beschwerliche Schiffsreise. In Brasilien wurden sie mit Pferd und Wagen oder manchmal auch zu Fuß zu ihrem Farmland gebracht. Aber man muss sich vorstellen, dass das Land totale Wildnis war.

Stelle man sich vor, man bekäme heute ein Stück der Lüneburger Heide geschenkt. Mit Geld auf der Bank oder einem Einkommen aus einem Beruf könnte man es mit der Zeit landwirtschaftlich nutzbar machen. Damals aber stand die Familie alleine und ohne Geld vor der unvorstellbaren Aufgabe. Die erste Nacht wurde vielleicht noch als Abenteuer angesehen, aber die Mücken verschonen auch Neuankömmlinge nicht. Am Tage gibt es in den höheren Lagen meist Borrachudos, kleine Fliegen, die ihre Rüssel wie Bremsen in die Haut bohren, aber eiternde Stellen hinterlassen, die manchmal Narben bilden. Die Beine der Landbevölkerung sehen entsprechend aus.

Nun galt es, den Boden zu säubern und zu roden. In der Lüneburger Heide wäre es noch einfach. Die Heide ginge relativ leicht raus, und nur Wacholder und einige andere Sträucher leisteten mehr Widerstand. Anders in Brasilien, wo hartnäckige, dornige Zwergbüsche dem Landwirt das Leben zur Hölle machen. Da hilft oft nur ein gelegter Buschbrand, der gleich auch Skorpionen und giftigen Schlangen das Garaus macht. Natürlich umweltpolitisch eine Katastrophe, aber bis heute machen die Leute es so. Wer ein leeres Baugrundstück besitzt, fackelt es alle zwei Jahre ungefähr einmal ab. Bäume und Büsche wachsen in den heißen, feuchten Gegenden sehr schnell.

In der ersten Zeit musste die Familie von etwaigen letzten Vorräten leben, da die erste Ernte erst in einigen Monaten zu erwarten war. In Brasilien findet man allerdings mit Glück ganzjährig wenigstens Früchte, aber man muss sie natürlich kennen um zu wissen, welche nicht giftig sind. Da ist es von Vorteil, wenn es Nachbarn gibt, die schon länger da siedeln und die gleiche Sprache sprechen. Aber mancher wurde auch schon ruiniert, weil sein Vieh die falschen Pflanzen gefressen hatte und hinweggerafft wurde.

Das heiße, nasse Klima ist für die gesundheitliche Stabilität natürlich auch gefährlich. Dazu kommen unbekannte Krankheiten.

Nach einigen Jahren mochte sich die Ernährungslage stabilisiert haben, und die Siedler konnten daran denken, eine Kirche und eine Schule zu bauen. Aber es ist den meisten wegen der fehlenden Transporte unmöglich gewesen, überschüssige Ernten zu vermarkten. So kamen sie nicht zu Geld und konnten kein neues Werkzeug und erst recht keine Medikamente oder Kleidung kaufen. Man arbeitete also trotz der sengenden Sonne zumindest ohne Hemd, da der Schweiß das Zeug regelrecht zerfrisst.

Wenn es dort schon eine Kirche gab, kam es vor, dass ein Pastor oder Pater bei seinen gelegentlichen Besuchen nur die Eltern und ganz kleine Kinder vorfand; letztere nackt oder in zerlumpten Kleidern von ihren älteren Geschwistern ererbt. Die älteren Kinder hatten keine Kleider, und sie schämten sich im Gegensatz zu den Indios ihrer Nacktheit, und so erfanden die Eltern eine Ausrede, weshalb diese gerade abwesend seien. Das Sprichwort der deutschen Einwanderer lautet: Dem ersten der Tod, dem zweiten die Not, dem dritten das Brot. Also erst die Enkelgeneration konnte besser leben.

Bis heute haben sich in Enklaven die deutsche, italienische und andere Sprachen gehalten, meist aber als Plattdeutsch, so wie das pommersche Platt, das mit portugiesischen Ausdrücken vermengt ist, zumal wegen des fehlenden Kontakts mit der Heimat neue Wortschöpfungen wie Fernseher oder Handy selbständig erfunden oder aus dem Portugiesischen entlehnt werden mussten. In Einzelfällen kommen noch Worte aus Indiosprachen hinzu. Die plattdeutschen Dialekte entbehren normalerweise einer geregelten Rechtschreibung und es gab bis zum Anfang des dritten Jahrtausends keine Duden, zumal es auch in Deutschland keine pommerschen Wörterbücher gibt, die importiert werden könnten. Daher wird in den deutschen Kirchen dann eher noch bisweilen auf Hochdeutsch gesungen und gelesen. Ohnehin war für viele das einzige Buch die deutsche Bibel.

Die deutsche Sprache ist vor allem aber verloren gegangen, als sie nach dem zweiten Weltkrieg verboten wurde. Grund dafür ist eine denkwürdige Kapriole der Geschichte. Hitler hatte natürlich vor dem Krieg schon versucht, auch die deutschen Aussiedler in anderen Ländern für seine Partei zu organisieren. Brasilien wurde damals von dem Diktatur Getulio Vargas regiert, der nicht zu den schlimmen Diktatoren gehörte, aber auch so seine Eigenarten hatte.

So verehrte er Mussolini, und als solcher sympathisierte er im Krieg mit Hitler und dessen Verbündeten. Hitler konnte ihm aber kaum Unterstützung schicken, sonst hätte Vargas ja nach seinen Vorbildern versuchen können, ganz Südamerika zu unterwerfen. Aber Brasilien ist ja auch kein besonders kriegsbegeistertes Volk. Die Unabhängigkeit von Portugal erfolgte praktisch ohne portugiesische Gegenwehr, auch wenn es Gedichte über angeblich heroische Kämpfe gibt, und danach musste der brasilianische Kaiser seine Soldaten nur einsetzen, wenn einmal ein Bundesstaat unabhängig werden wollte. Bis auf eine Ausnahme: 1864/65 wurde Brasilien vom militärisch gut vorbereiteten paraguayischen Diktator Francisco Solano López nach einem Streit um Einfluss in Uruguay angegriffen und weit zurückgedrängt. Dieser sah sich schon seinem Traum nahe, das Meer zu erreichen und seinem Land eine Hafenstadt zu erobern, als er mit Hilfe von Uruguay und Argentinien zurückgedrängt wurde. Wegen der Allianz wird der Krieg auch als Tripel-Allianz-Krieg bezeichnet. Ähnlich wie später Hitler dachte er nicht ans Aufgeben, sondern musste sich immer weiter zurückziehen, bis 1870 ganz Paraguay erobert war. Und so wie später Hitler konnte er auch am Schluss immer noch Leute um sich scharen, die für ihn ganz sinnlos starben, und als es keine Soldaten mehr gab, griff er auch auf Greise und Kinder zurück. Und ähnlich wie die rachelustigen russischen Soldaten, die Deutschland eroberten, verübten auch die Brasilianer etliche Gräueltaten, die dann in den brasilianischen Geschichtsbüchern gerne ausgelassen werden.

Später, wenige Tage nach der Aufhebung der Sklaverei, putschte ein General gegen den Kaiser und machte sich zum Präsidenten; ansonsten trat das Militär nicht mehr sehr in Erscheinung und war nicht ernsthaft für einen Krieg vorbereitet. Daher hätte Vargas seinen Freunden nicht beistehen können, jedenfalls nicht militärisch. Er fiel lediglich damit unangenehm auf, dass er Hitler auf dessen Wunsch hin eine schwangere jüdische Frau auslieferte, obwohl der

Vater des Babys Brasilianer war, und diese wurde von Hitlers Schergen zu Tode gebracht. Ein Buch und ein Film mit Namen Olga erinnern noch heute an sie.

Nach einiger Zeit merkte jeder außer Hitler selbst, dass der Krieg für diesen verloren war. Nun bekam Vargas kalte Füße, könnte es doch sein, dass seine Haltung nach dem Ende des Krieges Sanktionen nach sich ziehen würde, wenn nicht gar einen Einmarsch der Alliierten. So stellte er den Amerikanern Luftwaffenstützpunkte zur Verfügung und bewies seine Gesinnungswandlung dadurch, dass er die unschuldigen deutschen Einwanderer schikanierte. Während die USA in ihrem Heer unzählige deutsche Einwanderer hatten und ihnen auch vertrauten, verbot Vargas gar die deutsche Sprache und schloss die kleinen Schulen der Siedler. Die Kirchen mussten ihre Lieder auf Portugiesisch umdichten, und mancher Pastor kam in Haft, selbst in von Amerikanern gegründeten Kirchen wie der lutherischen Missouri-Synode in Brasilien.

Viele Leute konnten nur deutsch oder plattdeutsch und waren auf einmal ohne Sprache. Sie hatten in ihren Siedlungen ja auch keinen Kontakt zu Portugiesen, außer wenn sie einmal von einem Beamten gebeutelt wurden, der zum Beispiel im Erbfalle willkürlich Steuern eintrieb und dem der deutsche Bauer oder seine Witwe mangels Sprache hilflos ausgeliefert war.

Vargas hat sogar etliche unbedarfte junge Männer im Lande zusammengeworben und sie in Uniformen gesteckt und als weiteres Zeichen guten Willens nach Italien geschickt, um gegen die kampferfahrenen Deutschen verheizt zu werden, auch wenn Hitler zu dem Zeitpunkt schon seine berüchtigte Luftwaffe durch sinnlose Einsätze aufgerieben hatte und seine Panzer wegen Mangels an Treibstoff stehen blieben. Die berühmteste Schlacht der Brasilianer ist die Robbenschlacht. Als das Heer am Strand entlang zog, tauchte eine Herde Robben auf. Die Landjungs hatten wohl gerüchteweise von einer deutschen Wunderwaffe genannt U-Boot gehört, aber im Zeitalter ohne Fernsehen nicht die geringste Vorstellung davon. Ebenso wenig kannten sie Robben. Daher setzten sie ihre Maschinengewehre gegen den perfiden Angriff der deutschen Geheimwaffe ein, und zwar mit Erfolg.

Deutsche, italienische und polnische, aber auch andere Zuwanderer aus vielen europäischen Ländern, waren es gewohnt, ohne Sklaven zu leben und sie liebten es, ihr Land zu bebauen. Die Portugiesen waren da anders. Sie sahen es als Ideal an, nichts zu machen und Sklaven für sich schuften zu lassen. Dadurch hatten sie Muße und erschienen auch als bedeutender, als Herr und nicht als ein bloßer Bauer, der selbst im Dreck schuftet. Außer ihrer Sprachkenntnis war auch das ein Grund dafür, dass sie verstärkt in den öffentlichen Dienst rückten oder kleine Betriebe gründeten. So standen sie bald besser da. Auch heute kann ein kleiner deutscher Bauer in Brasilien nicht reich werden und seine Töchter verdingen sich dann als Dienstmädchen bei den Portugiesen. Man erkennt sie oft gleich an den sehr blonden Haaren, da viele aus Pommern stammen. Aber es gibt auch Bauern, die dazu gekauft haben oder geschickt selbst vermarkten oder sich auf biologischen Anbau oder andere Weise spezialisiert haben und gut verdienen. Und in der brasilianischen Landwirtschaft fließt das Geld vielerorts das ganze Jahr, da das Wetter stabil ist.

Die Italiener wiederum haben oft eine Weinproduktion aufgebaut und stellen selbst Wein her oder haben Restaurants gegründet und stehen sich dabei recht gut. Die Deutschen, die in die Städte gezogen sind, sind meistens einfache Handwerker. Als solche haben sie allerdings in den Boom-Jahren von 2000 bis 2013 sehr gut verdient und ihre Tagessätze auf rund 200 Real, also etwa 50 bis 70 Euro, heraufschrauben können. Damit kamen sie im Monat auf etwas mehr als 3000 Real, der Mindestlohn betrug 2013 nur 700 Real. Ein Schullehrer verdiente in Rio 900 Real, was das Schlusslicht in Brasilien ist, in anderen Staaten oft mehr als das Doppelte. Ein Professor mit Master an der Musikhochschule Espirito Santo verdiente dagegen 3500 Real. Die Hauptstadt Brasilia ist noch ein Sonderfall. Hier ist das Leben extrem teuer und die Gehälter sind sehr hoch.

Von 3500 Real könnte man dort kaum überleben, schon wegen der hohen Mieten.

Die Kinder der in die Städte gezogenen Deutschen haben meistens Studienabsichten. Auch in Brasilien verlangen immer mehr Berufe Studium. Dadurch fehlt dem Handwerk und besonders den Maurern der Nachwuchs und auch dadurch sind die Preise sehr gestiegen. Auch eine tüchtige Putzfrau kann allerdings 50 bis 100 Real am Tag verlangen. Aber viele ziehen eine Festanstellung als Putzfrau an Schulen oder als Hausmädchen für 700 oder 800 Real vor.

Die Maurer haben auch wirklich einen sehr schweren Job. Sie arbeiten in der sengenden Sonne. Da die Sonne heutzutage wegen dem Ozonloch noch mehr brennt als vor 100 Jahren, ist ein Ablegen der Kleidung ganz unmöglich. Ich kenne sehr gut einen Mann, der Albino ist und als Maurergehilfe arbeitet. Er muss immer lange Ärmel und Handschuhe anhaben, und auf dem Kopf hat er einen Hut mit Umhang so wie ihn Imker tragen, um sich zu schützen. So arbeitet der arme Kerl in der prallen Sonne. Wer genug als Gehilfe gearbeitet hat, kann sich eigentlich nach eigenem Ermessen als Maurer bezeichnen und selbstständig machen oder in die Bauunternehmen gehen.

So neigt der Deutsche bis heute dazu, alles selbst zu machen, und auch etliche andere Europäer sind so eingestellt, aber das entspricht gar nicht dem brasilianischen Ideal, das durch die Sklavenhaltergesellschaft geprägt worden ist. Bereits in Portugal standen die Portugiesen in dem Ruf, Wert auf den Besitz von Sklaven zu legen. Sie sollen teils schon verarmt eher Hunger gelitten haben als damit aufgehört zu haben, sich in der Öffentlichkeit wie ein großer Herrscher umrahmt von seinen Sklaven zu zeigen. Oft hatte man einen Sklaven nur für eine Tätigkeit, so dass man sich vor seinen Gästen wie ein orientalischer Herrscher zeigen konnte.

Natürlich ist auch das ein Klischee, und die Schweizer, die in den zurückliegenden Jahren oft fleißige portugiesische Hausmädchen beschäftigten, sind da sicherlich anderer Meinung. Mein Bekannter

George, ein Portugiese, der in Brasilien lebte, passte aber zufällig gut in dieses Klischee.

Nach dem Scheitern seines kleinen Unternehmens in Portugal wanderte er nach Brasilien aus, wohl auch um den Gläubigern zu entgehen. Er kannte sich sehr gut mit Computern aus, und das war um das Jahr 2000, als er nach Brasilien kam, der Markt der Zukunft. So machte er ein Geschäft auf. Er hatte bereits eine sehr gute Freundin meiner Frau kennengelernt und geheiratet. Sie ist Dozentin für Musik und arbeitete an der Hochschule und an weiteren Schulen, verdiente durch den hohen Arbeitseinsatz gut und bürgte mit 200.000 Real für das Unternehmen ihres Mannes.

Dieser stellte neun Angestellte ein, obwohl das Geschäft kaum 60 Quadratmeter groß war, und nach vier Jahren hatte er immer noch keinen einzigen Cent erwirtschaftet, jedenfalls nach seinen eigenen Aussagen und Bilanzen. Neben dem Geschäft lag eine Bank, und diese bot ihren Mitarbeitern stets kostenlosen Kaffee an. Eines Tages beschloss sie, diese Arbeit auszulagern und bot 500 Real, also rund 150 bis 200 Euro. George erhielt den Zuschlag, aber anstatt damit seine Einnahmen zu verbessern, stellte er eine weitere junge Frau ein, die den Kaffee kochte und zur Bank herüberbrachte, die an Lohn- und Lohnnebenkosten das Doppelte kostete. Aber George meinte, sich verbessert zu haben, denn er hatte ja jetzt eine betriebseigene Kaffeekocherin, die auch für ihn und seine Mitarbeiter Kaffee kochte.

Seine Frau rieb sich in drei Jobs auf, aber auch George war sehr fleißig. Sehr häufig blieb er bis tief in die Nacht weg und reparierte Computer in den Häusern seiner Kunden. Diese waren vorzugsweise junge alleinstehende Frauen, und häufig waren die Arbeiten so langwierig, dass George in deren Wohnungen übernachten musste. Nie kam er vor 22 Uhr nach Hause, und auf Nachfragen sagte er, er sei noch im Betrieb. Aber wenn ich oder meine Frau einmal ein Problem am Laptop hatten und den Portugiesen dann abends im Betrieb aufsuchten, war alles dunkel und der Pförtner des benachbarten Hauses sagte, dass unser Freund fast immer um 18 Uhr wegfahre.

Wenn wir einen Laptop dort ließen, mussten wir ihn manchmal nach einigen Wochen wieder abholen, ohne dass George Zeit gefunden hatte, ihn zu reparieren. Er muss also nach Meinung seiner Frau ungeheuer viel Arbeit gehabt haben, wenn er nichts mit der Arbeit verdiente, lag das wohl daran, dass er ein so gutes Herz habe und den armen Kunden kaum etwas berechne.

George benutzte immer den Wagen seiner Frau, und so musste diese denn auch für den mittellosen Mann die Strafen zahlen, wenn er nachts um 4 Uhr irgendeine Favela verließ und wegen zu hoher Geschwindigkeit geblitzt wurde. Erstaunlich, wie viele Leute in Favelas es sich leisten können, den Chef eines Computerbetriebes nachts in ihr Haus zu rufen um eine dringende Reparatur durchzuführen. Dass es sich bei dem Computer vielleicht um eine junge Angestellte handelte, die er als guter Chef nach Hause brachte und nachts gegen die Gefahren einer Favela bewachte, wollte seine Frau nicht glauben. Sie war sehr aktiv in der baptistischen Kirche und hatte gelernt zu vertrauen, und im Übrigen hatte sie ja bei der Heirat geschworen, in guten wie auch in schlechten Zeiten unverbrüchlich zu ihrem Mann zu stehen. Sie war in dieser Beziehung konservativ, obwohl sie politisch links stand, und nahm das wörtlich.

George zeigte sich als edler Europäer. Für ihn war nur das Beste gut genug. Ob Olivenöl oder Wein, stets musste seine Frau die teuersten Sorten kaufen, damit der arme Europäer, der ihr zuliebe alles in Europa aufgegeben hatte, nicht darben musste. Er hatte allerdings auch gute Seiten, konnte sehr gut kochen, konnte sehr gut kommunizieren und auch mit Kindern umgehen. Von daher haben wir uns immer gut mit ihm unterhalten. Die meisten Freundinnen und Verwandten der mit George verheirateten Musikdozentin versuchten diese allerdings zur Trennung zu drängen und meinten, sie werfe ihr Leben nur weg. Das betrieben sie ganz offen, obwohl fast alle ebenso aus kirchlichem Umfeld kamen und eigentlich auf die märtyrerhafte Haltung ihrer Freundin hätten stolz sein können. Das Ehepaar hatte keine Kinder und von daher wäre die Trennung nicht so dramatisch gewesen.

Ich selbst hielt mich da heraus, konnte aber die Haltung der Frau durchaus nachvollziehen. Die brasilianischen Pastoren tun alles, um die Ehepartner wieder auszusöhnen und die Ehe zu retten, in gut organisierten Kirchen gibt es nur sehr wenige Scheidungen. Damit der Pastor unserer Freundin als Eheberater hätte aktiv werden können, hätte diese aber mit ihm sprechen müssen, und auch George hätte dann an den Treffen teilnehmen müssen. Dann hätte der Pastor Schritt für Schritt die Probleme aufdecken und in getrennten und gemeinsamen Gesprächen lösen können. Das wäre der offizielle Weg der Kirchen in Brasilien gewesen, und ich hätte so etwas begrüßt, aber die Freundinnen und Verwandten hatten ihre Geduld bereits verloren. George hielt auch nicht viel von Kirche und wäre wohl auch nur schwer zu solchen Gesprächen bereit gewesen, obwohl er am Anfang der Ehe noch zum Gottesdienst mitgegangen war, allerdings ohne je Mitglied zu werden.

Die Portugiesen waren zwar immer Christen, aber die christliche Lehre hat den Umgang mit Sklaven anscheinend wenig verändert. Äußerungen über die Sklaverei seitens Jesu findet man in der Bibel nicht überliefert. Jesu Jünger waren einfache Leute, die von ihrer Hände Arbeit gelebt haben. Paulus hat ebenfalls darauf Wert gelegt, auf den Reisen mit eigener Handwerksarbeit dazuzuverdienen. Sie ließen sich nicht wie Paschas bedienen. Jesus lehrte, dass der Anführer den anderen dienen sollte, wie er es in der Fußwaschung beispielhaft demonstrierte. Paulus und Petrus lehrten die Sklavenhalter barmherzig und fürsorgend zu sein. Die Sklaverei konnten Petrus und Paulus ja nicht abschaffen, wer aber Sklave ist, muss trotzdem als ein guter Mensch leben und hat nicht das Recht, seinen Herrn zu betrügen, so wie ja auch ein russischer Schwarzarbeiter, der in Westeuropa für einen Hungerlohn schuftet, nicht von seinem Pastor die Erlaubnis bekäme, sich selbst Gerechtigkeit zu schaffen und in die

Betriebskasse zu greifen. Den Sklaven legten sie daher nahe, gut zu arbeiten. Das heißt für einen Sklaven, zu dienen und zu gehorchen.

Besonders den letzteren Satz ließen manche Sklavenhalter, besonders in den mehr protestantisch beeinflussten USA, ihren Sklaven auch gerne vorlesen, in Brasilien aber machten sich die Sklavenhalter oft nicht einmal die Mühe, die Sklaven zu christianisieren, so wie man ja auch seine Kühe nicht missionieren muss. Sie hatten schließlich nur deren Körper gekauft, nicht aber ihre Seelen, und zur Beherrschung des Körpers reichte die Peitsche. Von Barmherzigkeit war keine Spur.

Aufgrund ganz normaler psychologischer Vorgänge korrumpiert die Sklaverei sowohl die Sklavenhalter als auch die Sklaven. Ein absoluter Herrscher wird (fast) immer größenwahnsinnig und hält sich mit der Zeit für besser, wertvoller und intelligenter als die Untergebenen. Berühmte Beispiele haben wir in despotischen Herrschern wie den russischen Zaren, Hitler, Ludwig XIV und vielen kleineren Diktatoren, auch besonders in der Dritten Welt. Sie sind umgeben von Menschen, die den Herrscher glauben lassen, dass er wirklich in allem besser ist. Hitler, zum Beispiel, war eigentlich ein kleiner Mann, der, wenn überhaupt, nur in der Malerei etwas gelernt hatte. Trotzdem glaubte er auch in der Kriegskunst mehr zu wissen als selbst erfahrene Generäle. Anfangs war er noch von Generälen umzingelt, die ihm ihre Meinung offen sagten. Im Laufe der Zeit ließ Hitler sage und schreibe 132 deutsche Generäle umbringen. Übrig blieben nur die Speichellecker oder einige andere, die wenigsten ihren Mund hielten und daher überlebten. Hitler wurde von den Speichelleckern darin bestätigt, dass er der Größte und Schlaueste sei, und da er mit der Zeit nur von solchen Leuten umgeben war, hörte er es so oft, dass er es schließlich selber glaubte.

Ein anderer berühmter Fall ist der perverse römische Kaiser Nero. Er wollte nicht nur als Herrscher, sondern auch als bester Sänger und bester Wagenlenker gerühmt werden. In seiner Art gab es viele Kaiser, aber die meisten kennt heute kaum jemand noch. Nero war wahrscheinlich noch nicht einmal der schlimmste. Und jeder Sklavenbesitzer war auf seinem Besitz eine Art Nero, ein willkürlicher Herrscher, der durch fast nichts gebremst wurde. Eine der Bremsen hätte die christliche Lehre sein müssen, aber die weit voneinander entfernten großen Sklavenfarmen wurden natürlich nur sporadisch geistlich betreut, wenn es überhaupt schon eine organisierte Kirche in der betreffenden Gegend gab. Außerdem ist der Mensch ja meisterlich in der Kunst, alles Negative für sich selbst auszublenden. Wenn zum Beispiel ein Pastor in einer deutschen Kirche sagt, dass auch viele „unter uns" am Sonntag zwar mitunter zur Kirche gehen und die Texte der Bibel mitlesen oder mitbeten, aber in der Praxis des Alltags versagen, Steuern hinterziehen, Ehepartner betrügen, schlecht von ihren Mitmenschen reden, diesen nicht helfen und viele andere Sünden begehen, denken viele der Hörer: „Ja, da hat er voll recht, ich selbst kenne ein paar solche Leute." Und er denkt dann an ein paar Fälle, von denen er weiß, vergisst aber den Fall, den er am besten kennt: sich selbst.

So hatte auch ein Sklavenbesitzer kein Problem, wenn er einen Text über Barmherzigkeit hörte, er blendete die Tatsache, dass der Text ihn meinte, automatisch aus, so wie etwa ein SS-Mann im Dritten Reich, der während eines Jahres Juden und andere Unschuldige tötete und folterte, und zufällig in einen Weihnachtsgottesdienst gerät und dort von Barmherzigkeit hört. Und er denkt vielleicht daran, wie barmherzig er zu seinem gelähmten Cousin war, dem er finanziell geholfen hat, und glaubt aufrecht, er sei ein guter und barmherziger Mensch.

Es ist schön und erhebend zu sehen, wie schlecht die anderen sind, weil man daran sieht, wie gut man vermeintlich selbst ist. Die Deutschen haben sich nach dem Schrecken des Zweiten Weltkrieges sehr weit in der Selbstkritik entwickelt, sie geben zu, dass sie schreckliches Leid verursacht haben. Das ist weltgeschichtlich fast einmalig und ohne die jahrhundertelang gelehrte protestantische Ethik auch kaum vorstellbar. Kaum ein Franzose redet schlecht über Napoleon oder Ludwig XIV, und die Japaner, Türken und andere werden gar böse, wenn man sie an die von ihnen vorgenommenen Schandtaten bis hin zu Völkermorden erinnert. Statt Scham zu zeigen bieten sie einem wörtlich Prügel oder Schlimmeres an. Trotzdem tappt auch ein Deutscher ständig in die Falle, die Selbstkritik auszublenden, denn das ist im Menschen so angelegt. Wenn ein Deutscher also auf den Weltkrieg angesprochen wird, hat er von Kindheit an gelernt, dass er darauf nicht stolz zu sein hat, es sei denn, er wuchs in einem politisch sehr rechten Umfeld auf. Aber in anderen Bereichen ist er nicht geschult. Daher glaubt ein Kind ganz naiv, dass seine Zeichnungen, sein Gesang, seine Geschichten usw. fantastisch sind. Und mancher Erwachsene, der in der Dusche seine Popstars nachsingt, ist auch fasziniert von seinem Talent, im Gegensatz zu seinen Nachbarn, die von den falschen Tönen gefoltert werden.

Das alles muss man sich vor Augen halten und sich selbstkritisch klar sein, dass man selbst wahrscheinlich auch zum menschlichen Schwein geworden wäre, wenn man in der Sklavenhaltergesellschaft aufgewachsen wäre. Der Sklave musste sich biegen, lügen und kriechen und konnte oftmals trotzdem nie seinen Herrn zufrieden stellen. Das wird unter anderem sehr treffend und authentisch in dem Roman „Zwölf Jahre Sklaverei" beschrieben. Man kennt ja die Ehemänner, die vor hundert Jahren, als sie noch gesetzlich über der Frau standen, oft mit nichts zufrieden sein konnten und über alles nörgelten. Aber diese wurden durch den gesellschaftlichen Anstand unter Druck gesetzt und durch Gesetze eingeschränkt. Sie konnten ihre Frau nicht willenlos schlagen und misshandeln. In Deutschland darf man nicht einmal seinen Hund willenlos misshandeln.

Theoretisch hatte auch ein Sklave einen gewissen „Tierschutz", aber dieser wurde nur in absolut krassen Fällen eingesetzt. Erstens bekam ja kaum jemand von den Nachbarn mit, was ein Sklavenbesitzer mit seinen Leibeigenen machte. Sicher gab es Gerüchte, vor allem, wenn man von sexuellen Perversionen eines Sklavenbesitzers hörte, der seine Sklavinnen nackt folterte, aber wenig Beweise und wenig Neigung, sich einzumischen. Immerhin mussten doch die Weißen zusammenhalten, standen doch in einigen Regionen gegen zehn Weiße hundert Schwarze, die unterdrückt und im Joch gehalten werden mussten.

Wenn einer von uns als Tischlergeselle, als reisender Händler, oder auch als reisender Geistlicher unterwegs gewesen wäre, oder gar als Sklavenaufseher Arbeit gesucht hätte, hätte er sich auf der Arbeit mit ein oder zwei Weißen unter vielen Schwarzen befunden, und er hätte sich natürlich gedacht, dass diese sich nichts sehnlicher wünschten, als dem Joch zu entrinnen. Um sich selbst zu schützen, musste er eine gewisse Furcht einflößen, sonst hätten die Sklaven ja jederzeit über ihn herfallen können. Außerdem hatte so ein Mann, der ohne Frau reiste, natürlich auch sexuelle Bedürfnisse, und da konnte er kaum das Angebot ausschlagen, sich jederzeit an den schwarzen Frauen und Mädchen zu bedienen. Mit der Zeit gab es unter den Sklaven viele Mulatten, und ein Kind aus einer Mischehe kann jede Farbe aufweisen, ganz nach dem Vater oder ganz nach der Mutter oder nach einem Großelter ausschlagen. So war für jeden Geschmack etwas dabei, und ein junger Mann kann da kaum widerstehen. Das wäre heute schon schwierig, wo ein junger Mann weiß, dass ein solches Verhalten falsch ist, und damals natürlich genauso abwegig als wenn heute etwa ein liberaler islamischer Theologe einem Araber in Saudi-Arabien erzählen wollte, dass er und seine Söhne sein christliches philippinisches Hausmädchen oder seine sudanesische Sklavin nicht vergewaltigen dürften. Der würde den Theologen schlichtweg für verrückt halten, so wie viele Bauern in den Siebziger Jahren, als die ersten Grünen in Europa meinten, man dürfe die Gülle nicht einfach in den Bach leiten.

Eine Umfrage ergab 2016, dass 62% der türkischen Männer es für richtig halten, Gewalt gegen die eigene Ehefrau anzuwenden. 34% meinen allerdings, dass man nur Gewalt anwenden solle, wenn sie es wirklich verdient habe. Man kann sich ausmalen, wieviel Prozent der türkischen oder gar saudischen Männer Gewalt für richtig halten, wenn es sich nur um ein christliches Dienstmädchen oder eine

Sklavin handelt. Und so dachten erst recht die Besitzer von schwarzen Sklaven.

Der brasilianische Sklavenbesitzer war ganz froh, wenn so ein reisender Tischler, Pater, Händler oder anderer Mann sich gut an seinen Sklavinnen bediente, denn dadurch wurden ihm ja hellere Kinder von seinen Sklavinnen geboren, und hellere Sklaven waren mehr wert. Er konnte natürlich selbst mit seinen Frauen schlafen, aber erstens musste er es, je nach Lage, vor seiner Ehefrau verstecken, und zweitens waren die Mulattinnen auf seiner Farm vielleicht bereits von seinem Vater oder Opa gezeugt worden, so dass Inzucht geschähe, wenn er mit diesen seinen Halbschwestern schliefe, er also weniger gesunde Ware produzierte. Deshalb war eine Blutsauffrischung immer gerne gesehen.

Diese konnte auch durch Tausch der Sklavinnen erfolgen, man verkaufte einfach einige und kaufte dafür andere, oder tauschte mit einem anderen Farmer. Am einfachsten war es jedoch, mit einem anderen Farmer einfach zu vereinbaren, dass jeder die Sklavinnen des anderen sexuell benutzen dürfe. So konnten diese an ihrem eingearbeiteten Arbeitsplatz bleiben und das Problem der Inzucht war auch so beseitigt.

Außerdem wurde so vermieden, dass das Objekt der Begierde des Herrn vor den Augen der Herrin wandelte und diese bewusst (in Überschätzung ihrer Gunst) oder unbewusst herausforderte. In dem Buch und Film „Zwölf Jahre Sklaverei" sieht man, wie selbst eine in der Hinsicht völlig passive Sklavin zum Objekt des Zorns ihrer Herrin wird, und zwar unweigerlich. Sie hat keinerlei Chance, dem grausamen Schicksal zu entgehen. Wer nur den Film kennt, der ja der Zensur unterliegt, weiß nicht, dass die junge Frau in Wirklichkeit noch viel grausamer gefoltert wurde, als es in einem Film gezeigt werden kann.

Solange der Herr die Sklavin schützte, da er sie wirklich in gewisser Weise mochte oder einfach nicht wollte, dass durch Folterungen ihre Schönheit und damit auch ihr Warenwert litte, konnte die Herrin in der Regel wenig machen, da damals in der Regel der Mann das Sagen hatte. Aber sobald der Herr eine neue Sklavin zur Favoritin erkor, und oftmals passierte es schnell, denn die Mädchen verblühten rasch und daher wurden die Mädchen oft schon mit 13 oder 14 zu neuen Sexsklavinnen befördert, konnte die Herrin ihrer Rache freien Lauf lassen. An ihrem Mann konnte sie sich nicht rächen, oftmals mochte sie aus Scham nicht einmal jemandem von ihrer Erniedrigung erzählen, und die hilflose Ohnmacht gegen die Treulosigkeit ihres Gatten verwandelte sich in glühenden Zorn gegen die Sklavin.

Oft reichte auch schon eine Reise des Herrn. Wenn er zurückkam und seine Lieblingssexsklavin ohne Augen oder mit versengter Brust vorfand, musste er grimmig schweigen, da seine Frau sagte, das Mädchen habe eben etwas ausgefressen und musste bestraft werden. So eine „Straftat" könnte die Frau ja sogar inszenieren, oft mit Hilfe einer Vertrauensperson unter den Aufsehern oder gar einem Sklaven, der aufsteigen wollte. Der Herr musste sich bezähmen, wollte er doch nicht, dass die Ehefrau merkte, dass er wirklich in die Sklavin verliebt war. Wenn ihm egal war, was diese vielleicht ihren Eltern oder Verwandten erzählte, könnte er sie sogar verprügeln, aber das würde eine vor Eifersucht und Erniedrigung rasende Ehefrau natürlich gerne in Kauf nehmen, wenn dafür die Rivalin für immer ausgemerzt war.

Eine andere Gefahr war der Tod des Herrn. Dann konnte die Herrin sich ungebremst rächen. Natürlich wäre sie sehr unvernünftig gewesen, alle ehemaligen Gespielinnen ihres Mannes durch Folter zu entstellen oder gar zu töten, da sie ja damit ihren eigenen Besitz beschädigt hätte. Wenn sie ökonomisch vernünftig gewesen war, konnte sie die ehemaligen Sexsklavinnen eher zur „Strafe" an jemanden verkaufen, der als besonders brutal oder perverser Lüstling galt. Manche verkauften die Mädchen auch einfach an ein Bordell.

Wer keine Skrupel hatte, konnte ein paar Mädchen kaufen und in Brasilien ein Bordell aufmachen. Die Prostituierten befanden sich in einer für den Betreiber günstigen Position: der totalen Abhängigkeit. Sie konnten keinerlei Perversion der Gäste ablehnen, sofern der Besitzer des Bordells sich mit dem Kunden einig geworden war. Und der Besitzer konnte die Sklavinnen mit der Peitsche und anderen Foltermethoden zur totalen Unterwerfung dressieren. Besonders in den Hafenstädten mussten unzählige unglückliche, oft minderjährige Negermädchen und Mulattinnen ihre Beine für oft riesige rothaarige oder blonde Matrosen öffnen und ihnen in allem zu Willen sein.

War die Sklavin irgendwann völlig fertig, krank und total unbrauchbar, wurde sie einfach freigelassen. Damit war sie praktisch dem Hungertod ausgeliefert. Wenn sie mehr Glück hatte, wurde sie an irgendeinen Privatmann verhökert, solange sie noch arbeitsfähig war. Dieser könnte sie zum Beispiel mit einem Wägelchen oder Bauchladen durch die Straßen schicken um heiße Erdnüsse, selbstgemachte Süßigkeiten oder sonst irgendetwas zu verkaufen und so mit der Sklavin Geld zu verdienen. Oftmals stellte er der Sklavin oder auch einem Sklaven in ähnlicher Funktion eine Gewinnbeteiligung in Aussicht, da er wusste, dass die drohende Peitsche alleine nicht immer zu guten Verkaufsergebnissen führt. So konnte die Sklavin sich eines Tages selbst mit ihrem Geld freikaufen und dann, wenn sie wollte, sich in ihrem Geschäft auf eigene Rechnung weiter betätigen oder etwas Anderes suchen. Natürlich hätte es einem Besitzer jederzeit freigestanden, das ersparte Geld der Sklavin einfach zu konfiszieren, sei es unter dem Vorwand einer Strafe oder einfach so. Aber in der Praxis konnten sich viele Sklaven freikaufen.

In der ersten Zeit Brasiliens gab es kaum europäische Frauen. Die Eroberer griffen sich die Indiofrauen, die ja ohnehin nackt herumliefen und dann auch weiterhin nackt blieben. Besucher waren fasziniert, wenn sie jemanden besuchten, der sich bereits gut eingerichtet hatte und in einigen Fällen umgeben von einer Schar nackter Mädchen und Frauen auf seinem Anwesen lebte, eine Art und Weise zu leben, wie man sie nur durch Erzählungen über reiche orientalische, also normalerweise moslemische Männer kannte. Der Moslem betrachtet diese Lebensweise als ein Ideal, ihm wird versprochen, dass er bei guter Lebensweise nach dem Tod in einem schönen Garten weiterleben wird, umgeben von schönen Jungfrauen, die ihm sowohl sexuell als auch in anderen Dingen absolut willig untergeben sind. Als der Entdecker Amerikas Kolumbus geboren wurde, war der südliche Teil der iberischen Halbinsel noch islamisch und nannte sich Granada. Drei Jahrhunderte war fast die ganze Halbinsel, und damit auch Portugal, moslemisch regiert. Der Einfluss des Islam auf die ganze Baukunst, das Leben und das Denken ist bis heute zu spüren, war aber vor allem zur Zeit der Eroberung Südamerikas noch sehr stark und durch das Fürstentum Granada auch präsent.

Später kamen auch Frauen aus Portugal nach, und oft wurden Mädchen aus europäischen Waisenhäusern oder aus mittellosen Familien von den Brasilianern sozusagen nach Katalog gekauft, und als die Farmen von portugiesischen und später auch anderen europäischen Familien geführt wurden, wurden natürlich auch Töchter geboren, die dann mit Farmerssöhnen verheiratet werden sollten. Daher gab es immer dieses Spannungsdreieck zwischen dem Herrn, der Herrin und den Sexsklavinnen des Herrn. Dieses Problem bestand nicht für die Söhne oder andere unverheiratete oder verwitwete Männer wie Opas, Onkels, Aufseher, reisende Handwerker und Besucher. Diese wurden auch von der Herrin mit größter Freundlichkeit mit Sklavinnen zum Sex versorgt. Nur der Herr musste sich stets in Acht nehmen. Er musste das schwarze Mädchen entweder auf dem Feld oder in deren schmutziger Sklavenunterkunft, die oft ein Massenschlafsaal war, oder in einem entlegenen Stall nehmen. Mancher baute sich nur für diese Liebeszusammenkünfte - oder, je nach Einstellung der Sklavin, Vergewaltigungen - eine kleine Gartenlaube in einer entlegenen Ecke seines Besitzes. Aber immer gab es Mitwisser und es war ein ewiges Versteckspiel und Geflecht an Lügen.

Mancher Farmbesitzer ärgerte sich so sehr darüber, dass er es vorzog, gar nicht zu heiraten. So konnte er ganz offen ein oder auch mehrere schwarze Frauen und Mädchen in sein Bett holen, sie einige Zeit wie Konkubinen im Haupthaus wohnen lassen und je nach Laune später austauschen. Es gab Männer, die diese Frauen einfach den Weißen vorzogen. Tatsächlich verwelkten sie trotz der oft harten Arbeit weniger rasch in der Hitze als die weißen Frauen, und bis heute gibt es natürlich viele Weiße, die farbige Frauen einfach aufgrund des persönlichen Geschmacks vorziehen, wie auch umgekehrt. Einige Sklavinnen konnten dem Mann sogar so gefallen, dass sie jahrelang oder für immer an seiner Seite leben konnten.

Aber es gab auch viele Perverse, die eine weiße Ehefrau nur als störend angesehen hätten, da sie ihre perversen Sexpraktiken nicht völlig offen und einfach im Haupthaus durchführen könnten. Wer als wohlhabender Farmer so unverheiratet nur mit seinen schwarzen Frauen lebte, sei es ihm Guten, sei es im Bösen, war gesellschaftlich allerdings geächtet und es wurde über ihn hergezogen. Von daher konnte es in einigen Ausnahmefällen vorkommen, wenn jemand seine Sklavinnen in dieser Situation zu pervers behandelte, dass man über die Folterungen mit ausgetrecktem Zeigefinger herzog bis schließlich sogar die Behörden gegen so einen Unhold vorgingen.

Man muss bedenken, dass es in einer Gesellschaft erstaunlich viele Perverse gibt. Die meisten Anlagen können durch gute Erziehung ein Leben lang unterdrückt werden. Wenn jedoch eine Gelegenheit entsteht, die Perversität ungestraft ausleben zu können, zeigt sich der wahre Charakter. Teste zeigen, dass viele zum Schwein werden, wenn sie einen Freund haben, der ein rigoroser Zuhälter von Zwangsprostituierten ist, der sie eines Tages anruft und sagt: Eines meiner Mädchen ist geflohen und hat noch dazu einen Teil aus der Kasse mitgehen lassen. Aber sie wurde wieder eingefangen und ist jetzt hier in einem Hinterzimmer. Sie muss bestraft werden. Deshalb rufe ich einige Freunde an, und ihr könnt mit ihr für 48 Stunden machen, was ihr wollt. Das ist dann ihre Strafe.

Viele sehen ihre Chance, wenn ein Diktator oder anderer Mächtiger ihnen die Erlaubnis dazu gibt, die Perversität auszuleben. Wer eine ethische Erziehung genossen hat, ist weniger anfällig. Er würde vielleicht, bevor er die Einladung annimmt, eine Zwangsprostituierte zu quälen, daran denken, was seine Eltern dazu sagen würden, wenn sie ihn dabei sehen könnten. Andere denken daran, was Gott dazu sagen würde, und Gott kann sie, soweit man weiß, vor allem tatsächlich dabei sehen.

Daher haben in einem atheistischen Land wie der Sowjetunion die Menschen zum Teil gejubelt, wenn Hitler ihnen nach der Eroberung „erlaubte" und befal, dass sie selbst die dort lebenden Juden töten sollten, da vielleicht die SS nicht in der Region präsent war. Oft wurde daraus fast ein Volksfest, denn die Frauen und Mädchen wurden vor der Abschlachtung noch vergewaltigt. Himmler und Hitler, übrigens, waren über diese Ausartungen nicht erbaut, denn sie gönnten den „slawischen Untermenschen" kein Volksfest, auch wenn sie, wie die Ukrainer, eine Art provisorisches Zweckbündnis mit Hitler geschlossen hatten. Die Slawen sollten schließlich Sklaven für Hitlers Großreich sein und in stiller Demut ihren Dienst tun und nicht in fröhlicher Feststimmung.

Im jahrhundertelang evangelisch-lutherisch erzogenen Dänemark biss Hitler hingegen auf Granit mit seinen Bemühungen, die dänischen Juden bzw. die jüdischen Dänen zu eliminieren. Vom einfachen Arbeiter bis hin zum König zeigten fast alle Solidarität mit den Verfolgten, und man sagt, dass Hitlers Schergen nicht einen einzigen zu fassen kriegten. Mit der Zeit schafften es die Dänen, alle jüdischen Mitbewohner nach Schweden zu verschiffen, wo sie in Sicherheit waren, da Schweden nicht in die Eroberungspläne Hitlers eingeschlossen war.

Die Vermischung der Rassen durch sexuelle Ausbeutung der schwarzen Sklavinnen geschah in Brasilien viel stärker als in den USA, wo die protestantische Kultur den Machismus, der es dem Mann zur Ehre anrechnet, wenn er viele Frauen erobert oder einfach sexuell besitzt, bekämpft. Die weiße Herrin hatte hingegen auch in Brasilien nicht das Recht, ebenfalls gut gebaute Sklaven in ihr Bett zu holen. Wenn sie womöglich schwanger durch so eine Beziehung wurde, war es um die Herrin geschehen, denn die Farbe des Kindes verriet normalerweise den Fehltritt. Wenn eine Negersklavin hingegen ein helles Kind gebar, war das noch lange kein Beweis, dass der Herr mit ihr fremdgegangen war. Das Kind könnte von einem anderen Weißen sein. Oder von einem anderen Sklaven, aber einer der beiden Eltern hatte vielleicht einen durch Blutsvermischung hellen Elter oder Großelter, von dem das Erbe stammte.

Wie gesagt, das Kind einer Mischehe kann extrem verschieden ausfallen. Das in Brasilien durch Filme und Fernsehserien berühmte Buch „Die Sklavin Isaura" lässt die Sklavin denn auch total weiß sein. Sie erbt die weißen Rassenmerkmale, wächst auch wie eine Tochter bei den weißen Großeltern sehr verhätschelt und wie eine Dame auf und lernt unter anderem, gut Klavier zu spielen, was damals einer Dame gut anstand. Aber sie entstammt dem Bauch einer Sklavin und ist daher auch Sklavin, und nach dem Tod der Großeltern verliert sie ihre Privilegien und soll wieder auf dem Feld schuften oder ausgepeitscht werden. Der Schriftsteller ging mit Recht davon aus, dass die Leser sich viel eher empören würden und Mitleid mit der jungen Dame hätten, weil sie weiß war.

Auch der brasilianische Soziologe und Historiker Gilberto Freyre berichtet in seinem Buch „Herrenhaus und Sklavenhütte" über extreme Fälle. So hatte einmal eine weiße Herrin ein verbotenes Verhältnis mit einem Sklaven. Sie ärgerte sich schon lange über die Eskapaden ihres Gatten mit den schwarzen Mädchen, sah wie dessen verwitweter Vater sich ganz offen in seinem Gemach von jungen nackten Mädchen wie ein orientalischer Fürst mit Harem bedienen ließ, und trieb selbst Sklavinnen in die Arme ihrer Söhne damit diese sich rechtzeitig sexuell entwickelten. Nur sie selbst musste darben. Hatte mit 15 geheiratet, war mit 18 in die Breite gegangen und begann mit zwanzig zu verwelken, wie es in dem heißen Klima oft passierte, und wurde nun gänzlich sexuell vernachlässigt. Aber das

Bedürfnis ließ sich nicht besänftigen, und die tropische Hitze machte sie noch heißer, und so befahl sie einen hübschen starken Neger in ihr Bett. Dieser konnte natürlich nicht ablehnen, obwohl er wusste, dass ihm mindesten der Schwanz abgeschnitten, abgerissen oder von Hunden abgebissen würde, wenn der Herr es bemerkte. Die Frau wusste auch ein wenig über gewisse Verhütungsmethoden, aber damals waren die Mädchen viel weniger aufgeklärt als in der Antike oder selbst im Mittelalter, wo die Sexualität viel offener war. Daher konsultierte der Neger auch selbst einen uralten Negersklaven auf einer Nachbarfarm, der nicht mehr arbeitete und von seinem Herrn ein Gnadenbrot erhielt, und seine Altersweisheit als Macumba-Priester (oder eine Art Zauberer oder Medizinmann) an den Mann brachte. Macumba ist eine Vermischung alter afrikanischer Religionen mit unzähligen Göttern und alten Volksweisheiten mit der katholischen Religion. Jeder Gott wird mit einem katholischen Heiligen gleichgesetzt, und so redet man – zumindest vor den Weißen – eben nicht mehr von afrikanischen Göttern mit fremden Namen, sondern von Sankt Martin und Sankt Anna usw.

Damit gab es in dem altem Macumbeiro, wie diese Priester auf Portugiesisch heißen, natürlich einen weiteren Mitwisser, aber der Neger vertraute ihm. Aber wie groß war das Entsetzen, als eines Tages trotz aller Vorsicht und der Gebete des Macumbeiros die Regel ausblieb und einige Zeit später der Bauch anfing zu wachsen. Die Frau, in ihrer Angst, suchte Zeit zu gewinnen und tischte in ihrer Verzweiflung erst einmal eine Lüge auf und sagte, dass sie sich ihrem Mann vor vier Monaten genähert habe, als dieser nach dem festlichen 15jährigen Geburtstag einer Nachbarin besoffen in seinem Bett gelegen habe. Der 15. Geburtstag ist der wichtigste für eine Frau in Brasilien, und sie heißt an diesem Tag Debütantin. Das Mädchen erscheint in einem Kleid wie eine Braut oder eine besonders südländisch prunkvoll herausgeputzte Konfirmandin. Um Mitternacht fordert ihr Vater sie traditionell zu einem Walzer heraus, der zunächst nur von den beiden begonnen wird, bis sie sich trennen und jeder einen anderen Partner auffordert.

Der Ehemann glaubte die Geschichte nicht so recht, aber er konnte sich natürlich auch nicht an die Nacht erinnern. Aber die Frau wusste natürlich, dass ihre Tage gezählt waren und plante, einige Tage vor der Geburt zu flüchten. Aber sie wurde bettlägerig, ihre Eltern kamen, und sie brachte einfach den Mut nicht auf, diesen die Wahrheit zu erzählen. Als die Wehen einsetzten, bekam sie das Zittern und Weinkrämpfe. Sie malte sich aus, wie sie in diesem Zustand mit Schimpf vom Hof gejagt würde, und selbst ihre Eltern würden nichts mehr von ihr wissen wollen. Sie war fast besinnungslos und außer sich als das Kind schließlich zur Welt gebracht war und schloss die Augen und wünschte, sie wäre tot. Aber zunächst geschah nichts Ungewöhnliches, keine Entsetzensschreie, kein Gemurmel. Und schließlich die Glückwünsche. „Ein Junge!"

Sie kannte keine andere Erklärung als dass Gott ihre Gebete erhört hatte, auch wenn es eigentlich unverdient war, denn sie hatte ja wirklich gesündigt, wie sie fand. Aber das Wunder war geschehen, der Sohn war weiß und wurde als Nesthäkchen sehr vom Vater verhätschelt. Von Kind an sah er, dass den schwarzen Frauen und Mädchen bei jeder Gelegenheit die Röcke hochgehoben wurden und sie eine Strafe auf den nackten Hintern aufgezählt bekamen. Er selbst liebte nackte schwarze Hintern von klein auf an, wurde er doch schon als Baby immer vom zärtlichen schwarzen Frauen gebadet, gewickelt und lag säugend an den schwarzen Brüsten seiner Amme. Bereits mit sechs spannte er sechs kleine schwarze Mädchen vor einen kleinen Holzwagen und spielte sechsspännige Kutsche mit ihnen. Sein Vater gab ihm eine Reitpeitsche und zeigte ihm, wie man die Mädchen damit antreiben konnte.

Bereits mit zwölf begann er zum Stolz seiner Eltern damit, die jugendlichen Mädchen in sein Bett zu beordern, die zum Teil fünf Jahre älter als er waren. Um sein Leben in die rechte Bahn zu lenken, suchten seine Eltern eine Ehefrau und gewannen sehr glücklich die Gunst eines Farmers, der ein wirklich reizendes und sehr nettes Töchterlein hatte. Mit 15 heiratete diese, und der da schon zwanzigjährige Jüngling war so fasziniert von der weißen Maid, dass er für zehn Monate alle schwarzen Gespielinnen vergaß und erst wieder von diesen Gebrauch machte, als seine Frau bereits hochschwanger war. Dann kam das Kind zur Welt, und es war braun. Da mochte die Frau schwören, dass sie nie untreu gewesen war – jeder Schwur vergrößerte ihre Sünde in den Augen der Anderen nur noch, da ja jeder an der Farbe des Kindes sah, dass es Meineide sein mussten. Die Frau wurde in Schimpf und Schande vom Hof gejagt und das Kind verkauft.

So wie die Hautfarbe können auch andere Merkmale sehr variieren. So kann es gelegentlich ganz schwarze Menschen mit blonden Haaren oder blauen Augen oder Weiße mit krausen „Negerhaaren" geben. Daher hat die brasilianische Gesellschaft alle Schattierungen und konnte deshalb niemals klare Rassentrennungen aufziehen und gilt daher als weniger rassistisch. Andererseits war die Sklaverei in ganz Amerika eine rassistische Sklaverei. Während zu anderen Zeiten jeder Sklave werden konnte, unabhängig von der Hautfarbe, gab es in Amerika nur schwarze Sklaven, abgesehen von einigen anfänglichen Versuchen und auch späteren Einzelfällen, Indios zu versklaven.

Der letzte Akt der kaiserlichen Familie vor dem Militärputsch gegen sie 1888 war die Beendigung der Sklaverei. Sie lebte in versteckter Form weiter. Landarbeiter auf entlegenen Farmen werden gezwungen, alle Produkte bei ihrem Brotherrn zu dessen Preisen zu kaufen. Oftmals erhalten sie nur Gutscheine. In jedem Falle reicht das Einkommen nicht, und der Arbeiter verschuldet sich immer mehr. So erhält er im Endeffekt gar nichts außer ein wenig Essen, eine Situation, die sonst nur die Sklaven kennen. Der heutige Lohnsklave wird allerdings kaum ausgepeitscht werden, aber die Abhängigkeit kann dazu führen, dass er seine Tochter dem Herrn als Gespielin oder Sklavin überlassen muss, und wenn er krank wird, ist es für den Herrn kein Verlust, da er ja keinen Kaufwert hat. So kostet diese Lohnsklaverei sogar weniger als die alte Sklaverei, was oft auch schon vor zweihundert Jahren von Sklavereigegnern angeführt wurde, um die Sklavenbesitzer für die Abschaffung der

Sklaverei zu gewinnen. Und diese wiesen darauf hin, dass es ihren Sklaven besserginge als ausgebeuteten englischen Arbeitern, die oft 18 Stunden in der Fabrik arbeiteten und oft trotzdem noch Hunger litten. Diese Einschätzung traf auf Sklavenfarmen mit nicht sadistischen Herren tatsächlich zu, weil die Sklaven mehr zu essen und weniger zu arbeiten hatten als viele Proletarier in Europa, aber die breite Abneigung der Sklavenbesitzer, die Sklaven freizulassen, zeigt, dass es ihnen um mehr als Lukrativität ging: Macht, Besitz und jederzeitigen sexuellen Zugriff.

Die sozialistische Regierung unter Lula (2002 bis 2009) rechnet es sich durchaus als einen Verdienst an, Tausende von solchen Lohnsklaven auf entlegenen Farmen aufgespürt und befreit zu haben.

Ich muss mich übrigens jetzt mal entschuldigen, dass ich oben das historische Wort „Neger" gebraucht habe. Das ist natürlich nicht abwertend gemeint. Neger kommt aus dem Latein und heißt ja auf Deutsch auch nur nichts weiter als „Schwarzer". Auch in Brasilien gibt es „Preto" (Schwarzer) und „Negro". Nur dort ist es genau umgekehrt. Man muss Neger (Negro) sagen. Wer Schwarzer (Preto) sagt, beleidigt jemanden. Deswegen ist es mir in Deutschland auch schon im Gespräch passiert, dass ich es falsch herum übersetzt habe.

Wer an Sklave denkt, hat oft einen Schwarzen vor Augen. Das liegt aber nur daran, dass man durch Bücher wie „Onkel Toms Hütte" und Filme so viel über die Sklaven in Amerika gehört hat, die eben alle ziemlich schwarz waren. Das kann man aber nicht verallgemeinern. Früher wurden sogar mehr Weiße als Schwarze versklavt. Die Römer hatten beides, aber sicherlich auch viel mehr Weiße als Schwarze. Noch im sechzehnten und siebzehnten Jahrhundert wurden deutsche, ungarische, polnische und russische Mädchen oftmals in riesigen Heerschaaren als Kriegsbeute von den Osmanen Eroberungsheeren in die Türkei hinuntergetrieben und dort als Sklavinnen verkauft. Die Slawen haben überhaupt ihren Namen daher, dass sie von anderen gerne als Sklaven gekauft wurden und von ihnen viele auf dem Markt im Angebot waren. Auch Wikinger fingen gerne Weiße und verkauften sie anderswo. In den beiden Jahrhunderten der türkischen Angriffe auf das Deutsche Reich dürften allein aus diesem nahezu eine Million Mädchen und Frauen in die Sklaverei entführt und verkauft worden seien, viele auch nach Afrika. Während des dreißigjährigen Krieges, zum Beispiel nach der Einnahme von Dresden, wurden jugendliche Mädchen, selbst sogar Jungfrauen, manchmal für eine Flasche Wein oder ein Kleidungsstück eingetauscht.

Nicht einmal mitgezählt werden normalerweise in den Statistiken die ungezählten weißen Mädchen, die bis heute in die Zwangsprostitution gelockt, gepresst oder gekidnappt und dort versklavt werden. Man spricht allerdings hier auch von „Weißer Sklaverei".

Durch die besondere Situation in Amerika konnten Weiße offiziell nicht versklavt werden und Indios wurden als faul und zur Sklavenarbeit ungeeignet angesehen und hatten in der Kirche Fürsprecher die sich für sie einsetzten. Die schwarzen Sklaven waren oftmals von anderen Negerstämmen oder moslemischen Sklavenjägern eingefangen worden, und waren also bereits Sklaven, bevor europäische Händler oder Kapitäne sie an den Umschlagsplätzen an der afrikanischen Küste bekamen. Die Kirche ließ sich von der Argumentation hinhalten, dass diese Menschen ja gar nichts durch einen Weiterverkauf nach Brasilien oder andere amerikanische Länder verlören. Im Gegenteil, sie würden die Zivilisation kennenlernen, was doch ein Vorteil sein müsste, und könnten einfacher missioniert werden, so dass sie eines Tages Chancen hätten, in den Himmel zu kommen. Diese Logik lullte die katholische Kirche zunächst einmal ein und sie hielt still.

Und so wurden im Laufe der Zeit die Begriffe Neger und Sklave fast Synonyme, etwa in dem rassistischen Witz: Ich habe gar nichts gegen Neger, aber ich finde jeder sollte einen haben.

Immerhin wurde ein freigekommener Neger in Brasilien nicht so offiziell diskriminiert wie in den USA. Dass es den Schwarzen bis heute schlechter geht als den Weißen, liegt natürlich in der Natur der Sache, da sie tendenziell weniger Güter und Bildung von ihren Eltern und Großeltern mitbekommen haben. Oft kennen sie ihre Wurzeln nicht. Ihre Nachnamen mussten sie nach ihrer Freilassung erfinden oder den ihrer ehemaligen Herren annehmen. Sie wissen vor allem nicht, ob sie aus Ghana, dem Senegal oder sonst woher stammen. Ohnehin sind sie ganz gemischt, während es unter den Weißen auch nach Generationen noch rein deutsche oder rein portugiesische Familien gibt.

Während es im deutschen Fernsehen viele Farbige gibt, ist es in Brasilien nicht so. Trotz der großartigen Tradition der farbigen Sambatänzerinnen, die früher immer fast nackt die Tourismusprospekte zierten, hatte der größte Fernsehsender Globo in seinem großen Tanzensemble mit Frauen in sexy Aufmachungen, das am Samstagnachmittag in der dreistündigen Show des Faustão als Pausenfüller oder im Hintergrund zu sehen ist, keine einzige Farbige, bis dann vor einigen Jahren aufgrund von Protesten wenigsten eine aufgenommen wurde. Der Staat bemühte sich besonders unter der Regierung der Sozialisten Lula und Djilma, die Chancen der Schwarzen durch Quoten zu regeln. Diese wurden bei Universitäten und bei öffentlichen Stellenauschreibungsverfahren angewandt und sind natürlich sehr umstritten, da das Universitätsniveau und das Niveau der einzustellenden Staatsdiener gesenkt wird und es natürlich besser wäre, die schwarzen Kinder zu unterstützen, solange sie noch zur Schule gehen, damit sie besser werden und ohne Mindestquoten auf die Universität kommen können.

Zudem gibt es eine absurde Schwierigkeit. Die Rassen sind so gemischt, dass es alle Formen und Mischungen gibt. Woran soll man denn eigentlich messen, ob einer eher schwarz oder weiß oder indigen ist. Dazu kommen Asiaten. Wie bereits oben dargestellt, ist die Hautfarbe kein klares Indiz, was die Abstammung betrifft. Sollte man also wie zu Hitlers Zeiten einen Ahnennachweis anfertigen müssen? Aber wie sollte man die Rasse der Großeltern ermitteln? Mein Schwiegervater ist zum Beispiel recht dunkel, aber man weiß nicht, wie genau sich die Mischung zusammensetzt. Er weiß lediglich, dass auch eine Urgroßmutter Indio war. Die anderen waren bereits Mulatten verschiedenster Zusammensetzung. Daher hat die Regierung schlicht und einfach gesagt, dass jeder sich definieren kann, wie er will.

Während aber bei Volkszählungen viele braune Menschen als weiß gezählt werden möchten, ist es so, dass sie natürlich einen Vorteil haben, sich an den Universitäten und öffentlichen Ausschreibungen für Stellen im öffentlichen Dienst oder bei staatlichen oder halbstaatlichen Unternehmen als Farbiger zu bewerben, was sie auch tun können. Es wird nicht mit der Volkszählung verglichen, jeder ist völlig frei, auch ich als gebürtiger Deutscher könnte mich in Brasilien als Farbiger bewerben, da man die Abstammung nicht beweisen kann.

Dabei würde ich übrigens noch nicht einmal lügen, was mir wegen meiner protestantischen Erziehung auch sogar sehr wichtig wäre, da genau genommen jeder Deutscher ein Farbiger ist. Die Römer hatten ja bereits unter anderem auch schwarze Soldaten in Deutschland oder eben Germanien stationiert, so wie die berühmtem sudanesischen Speerwerfer. Auch gab es deutsche Fürsten, die sich mal einen schwarzen Diener oder eine schwarze Gespielin kauften, denn es war ja nicht verboten, in Deutschland Sklaven zu haben. Es kam nur normalerweise nicht vor, so dass es auch gar kein Gesetz dazu gab.

Jeder sudanesische Soldat hat natürlich versucht, auch seine Sexualität zu befriedigen. Neben Prostituierten, die jedoch viel von Verhütung verstanden, hatten einige auch einheimische Freundinnen, und außerdem vergewaltigen Soldaten oftmals auch. Wenn auch nur ein schwarzer Soldat auf eine dieser Weisen vielleicht zwei Kinder in Germanien gezeugt hätte, hätten diese im Schnitt mindestens vier Enkelkinder gehabt (ich rechne jetzt nur die Nachkommen, die auch erwachsen werden und nicht solche, die als Kinder sterben). Nach etwa hundert Jahren wären es statistisch dann 16 oder mehr Urenkel. Nach zweihundert Jahren 256 Nachkommen, denen man den schwarzen Urahn zum Teil kaum noch ansähe. Aber immer mal wieder können dunklerer Teint, schöne braune Augen, krause oder schwarze Haare oder schöne lange Gliedmaßen durchschlagen, die man dann vielleicht hübsch findet aber kaum mit einem „Neger" aus dem Sudan in Verbindung bringt.

Nach vierhundert Jahren waren es 256 mal 256 Nachkommen, also 625.000, und nach 800 Jahren 625.000 mal 625.000, also 4 Milliarden. Das wäre etwa um 900 oder 1000 nach Christi, und damals gab es gar nicht so viele Menschen. Wie ist die Rechnung dann zu erklären?

Nun, der Stammbaum kreuzt sich unter sich selbst, das heißt, die Nachkommen unseres eifrigen Sudanesen heiraten unter sich, da sie gar nicht ahnen, dass sie entfernte Verwandte sind. So kann man getrost annehmen, dass auch im Jahre Tausend nicht einmal alle Menschen der Erde von diesem Sudanesen abstammten. Wie hätte ein Abkömmling von ihm zum Beispiel zu den Eskimos gelangen können um die Gene dort zu verbreiten, und wie nach Amerika zu den Indios und Indianern. Schon nach China und Japan wäre es schwierig gewesen, obwohl denkbar, dass durch den internationalen Handel mit schönen Sklavinnen ein germanisches Mädchen auch mal bis dorthin gelangt ist. Aber jeder Germane stammte somit schon auf mehreren Wegen von dem Speerwerfer ab. Natürlich kann es sein, dass es irgendwo im entlegenen Friesland oder in einem Alpental noch jemanden gab, der durch großen Zufall nicht von diesem Krieger abstammte, aber bis heute dürfte die Chance dafür gleich null sein. Und wenn wirklich nicht von dem, so eben von einem anderen schwarzen Soldaten, einem ägyptischen Händler mit schwarzen Vorfahren, einer schwarzen, in Germanien für die Römer stationierten Prostituierten oder Sklavin oder einer schwarzen Sklavin, die die Germanen oder Wikinger auf einem ihrer Raubzüge aus Italien, Spanien oder Byzanz mitgebracht haben.

Also kann man mit Sicherheit davon ausgehen, dass jeder Deutsche auch schwarze Vorfahren hat. Mit derselben Logik kann man auch davon ausgehen, dass alle auch römisches, jüdisches, armenisches oder sonst welches Blut ins sich haben, und sogar von Nero und von Augustus und anderen großen Helden, Vorbildern und auch Bösewichtern abstammen. Insofern würde ich also gar nicht lügen, wenn ich mich als Farbiger in die Listen eintrüge, da ich ja einen winzigen Teil afrikanischen Blutes in mir haben muss.

Aber kein Gesetz kann die Diskrimination verbieten, wenn sie in den Köpfen der Leute verankert ist. Wenn eine weiße Eisverkäuferin mehr verkauft als eine schwarze, weil die Leute sie hübscher finden, kann das keiner durch Gesetze verhindern. Deutlich sieht man es auf dem Gebiet der Prostitution, wo die schwarzen Mädchen sich zum halben Preis anbieten müssen um Kunden zu bekommen. Sollte man aber deswegen den Kunden gesetzlich vorschreiben, dass sie mindestens jedes zweite Mal eine Farbige Prostituierte engagieren müssen? Und was wäre, wenn sich bei so einem Gesetz die weißen Prostituierten einfach als Farbige einschreiben würden um die Kunden halten zu können?

Das gleiche könnte man auch vom Wähler verlangen. Er müsste jedes zweite Mal seine Stimme einem Farbigen Kandidaten geben. Man sieht, man kann die Bemühungen sehr leicht zum Absurden führen. Schade, dass es aufgrund der unglückseligen Geschichte der schwarzen Sklaverei nötig geworden ist, solche Maßnahmen zur Bekämpfung der Benachteiligung der Schwarzen auszusinnen.

Viele Schwarze sind natürlich auch so, dass sie alle Rückschläge darauf zurückführen, dass sie als Schwarze benachteiligt werden. Ein typisches Beispiel erlebte ich, als eine weiße Frau aus der lutherischen Gemeinde einen schwarzen Mann aus einer anderen Kirche heiratete. Nach vielem Hin und Her entschieden sie sich dafür, gemeinsam in unserer Gemeinde mitzumachen. Der Mann war ein guter Sänger, und hatte in seiner vorherigen kleineren Gemeinde eine anerkannte Stellung und sang viele Lieder, mit der Band oder auch mit Playback. In unserer Gemeinde gab es mehr Sänger und drei Bands sowie Chöre, und der Pastor kontrollierte die Liedtexte, bevor ein Sänger etwa ein neueres Lied im Gottesdienst singen konnte. Der Mann war aber große Freiheiten gewohnt und meinte, er würde wegen seiner Hautfarbe diskriminiert.

Die lutherische Kirche hat meistens viele Weiße Mitglieder, eben die Nachfahren deutscher und anderer lutherischer Einwanderer, die nur dunkler werden, wenn sie sich mit anderen Rassen mischen. Da die Kirchen sehr aktiv sind, heiraten aber viele einen Partner aus ihrer Kirche, den sie dort auf Freizeiten oder in der Jugendgruppe kennenlernen. Natürlich gibt es auch Neueintritte, aber die pastorale Arbeit in der lutherischen Kirche zielt vor allem darauf ab, die bisherigen Mitglieder zusammenzuhalten. Deshalb gab es unter den 500 Mitgliedern der Gemeinde nur 5 Schwarze und etwa 35 Mischlinge. Aber gerade als dieser schwarze Sänger in die Gemeinde eintrat, war der Pastor zwar weiß, aber einer der farbigen Mischlinge Vorsitzender, und sein Nachfolger wurde später einer der nur fünf Schwarzen, ein mit 43 Jahren bereits pensionierter Stabsunteroffizier, der seine viele Freizeit zwischen Musik Lernen und Machen, Präsident Sein und Bodybuilding aufteilte. Eine weitere Person dieser nur fünf Schwarzen war Vorsitzende der Frauenarbeit der Gemeinde. Das war natürlich Zufall, zeigt aber, dass es nun wirklich keinen Rassismus in dieser Gemeinde gab, und insbesondere die weißen Mitglieder den Schwarzen Vorsitzenden gewählt haben. Die Hautfarbe spielte eben keine Rolle, er wäre natürlich auch als Weißer gewählt worden, hätte aber auch andererseits als Weißer sicherlich nicht noch mehr Stimmen bekommen.

Die ganzen oben erwähnten öffentlichen Auschreibungsverfahren laufen in Brasilien über Tests, vom Richter, der meistens mehr als in Deutschland verdient, bis zum Straßenfeger, wobei ein hoher Richter fünfzig Mal mehr verdient als der Straßenfeger (in Deutschland etwa sieben Mal, was im Verhältnis zu den Anfängen der Bundesrepublik und ihrer großen sozialen Gerechtigkeit auch schon viel ist). Besonders wenn hoch dotierte Stellen ausgeschrieben werden, so wie Staatsanwälte oder staatliche Pflichtverteidiger, aber auch bei den anderen Posten, die ja selbst bei kleinen Einkommen immerhin die finanzielle Sicherheit und die spätere Pension mit vollen Bezügen garantieren, bewerben sich Tausende von Bewerbern. Diese Bewerbungsverfahren sind den öffentlichen Stellenausschreibungen vorgeschrieben. Hätte ein Universitätsdirektor oder ein Bürgermeister das Recht, die Kandidaten nach einem Gespräch o.a. auszuwählen, würde er bei der mangelnden Ethik lauter Verwandte einstellen oder Leute, mit denen er vorher vereinbart, dass sie ihm die Hälfte ihres Gehaltes für die Gefälligkeit geben und nur von der anderen, immer noch sehr reichlichen Hälfte leben.

Teste dürfen nicht von den Behörden selbst durchgeführt werden, sonst wüssten die Politiker ja vorher die Fragen und könnten ihre Freunde informieren. Es sind private Firmen, die an den Einschreibegebühren gut verdienen, zumal meistens Tausende von Bewerbern kommen, die dann auf verschiedene Schulen zu den Tests verteilt werden. Natürlich versuchen die Politiker und andere Leute mit Beziehungen auch über die Firmen vorab an die Fragen zu kommen.

Im Jahre 2013 fand ein Bewerbungsverfahren für neue Pflichtverteidiger in den verschiedenen Bezirken Amazoniens statt. In diesem unsäglich schwül-heißen und wenig entwickelten Bundesstaat wollen die meisten gar nicht wohnen, und schon gar nicht in den vielen Städten, die nicht einmal eine Straßenanbindung haben und nur über Boote oder vielleicht über kleine Privatflugzeuge erreicht werden können.

Am gleichen Tag fand auch die Bewerbung für den Bundesstaat Tocantins statt. Unter den Bewerbern befand sich auch eine hübsche, sympathische junge Rechtsanwältin namens Adna, die eine feste Stelle suchte, zumal eine so gut bezahlte. Amazonien bezahlte 12.000

Real, also etwa sechs bis zwölf Lehrergehälter, dazu noch unzählige Extras. Tocantins bezahlte noch etwas mehr, obwohl es eigentlich als attraktiver gilt und von daher weniger bezahlen müsste, um die Bewerber anzulocken.

Ich empfahl der jungen Frau, sich nach Amazonien zu bewerben, da sicherlich die meisten versuchen würden, nach Tocantins zu kommen. Aber sie hatte einen Freund, der bei der großen halbstaatlichen Ölmonopolgesellschaft Petrobras arbeitete und als solcher schon das Angebot hatte, in Amazonien zu arbeiten. Er erhielt dafür dreifaches Gehalt, aber bald kehrte er zurück und sagte: Einmal und nie wieder.

Das erschreckte die Anwältin sehr, auch wenn der Freund als etwas verweichlicht galt. Lediglich einige Fotos, die ich googelte und bewiesen, dass es in den abgelegenen Städtchen Amazoniens richtige Häuser, Kirchen und sogar größere Gebäude gibt, ließen sie Mut zu der Entscheidung schöpfen, sich tatsächlich nach Amazonien zu bewerben.

Sie bereitete sich bereits seit zwei Jahren auf solche Teste vor, indem sie ihre Arbeit weitgehend ruhen ließ und unzählige Bücher verschlang. Natürlich versuchen die verantwortlichen Regierungen, trotzdem irgendwie ihre Freunde auf die Posten zu hieven. Jedoch sind ihre Möglichkeiten mit diesen Verfahren begrenzter. Eine Möglichkeit ist, die Einschreibung nur persönlich zu gestatten, nicht aber über Internet oder Brief. Das schließt bei den weiten Wegen viele Kandidaten aus. Ferner kann man verlangen, dass die Kandidaten auch Heimatkundefragen beantworten müssen, was die Leute bevorteilt, die in der Gegend wohnen. Dann fragt man zum Beispiel, wer der Erbauer der städtischen Grundschule war.

Schließlich kann man wenige Tage vor der Prüfung die Ausschreibung wegen eines angeblichen Verfahrensfehlers oder Zweifels widerrufen. Somit haben alle ihre Flugtickets umsonst gekauft, außer den Freunden der Politiker, die ja längst vorher informiert wurden, dass es so kommen würde. Der neue Termin kann dann sehr kurzfristig angesetzt werden, so dass viele keine Flüge mehr bekommen und aufgeben. Die Einschreibgebühr würden sie in dem Falle nicht einmal zurückbekommen. Und wenn die Prüfung ungünstig für die Kandidaten der Politiker verläuft, wird sie eben annulliert, weil angeblich die Fragen nicht gut waren oder sonst etwas nicht gestimmt hat. Und an den Fragen gibt es immer etwas auszusetzen.

Die Kandidaten erhalten Fragen mit vier bis sechs Antworten zum Ankreuzen. Das erleichtert die Auswertung ungemein, aber lässt keinen Spielraum zu. Würde man etwa nach der größten Stadt Europas fragen, ist der Kandidat im Zweifel, da es Bücher gibt, die Paris anführen, während andere London als größer angeben. Ein gut informierter Kandidat könnte das ja so schreiben, vielleicht sogar Quellen nennen, aber das geht nicht bei Testen, die nur ein Kreuz zulassen.

Der Kandidat ist gut beraten, alle von der betreffenden Firma bereits anderswo durchgeführten Teste zu nachzulesen, sofern er sie erhält. Oftmals sind etliche Teste im Internet zu finden. Vielleicht taucht bereits dort einmal die Frage nach Paris oder London auf, und dann weiß er, welche die Meinung dieser Firma ist.

Viele Fragen sind aber schon in sich unklar. So fragte eine Firma in einem Test für Musiklehrer: Ein gewisses Lied hat in der Notenschrift als Vorzeichen zwei Kreuze. Welche Tonart hat das Lied? Kreuzen Sie die richtige Antwort an:

1.   Es kann sich nur um die Tonart h-moll oder D-Dur handeln

2.   Es kann sich nur um die Tonart B-Dur oder D-Dur handeln

3.   Es kann sich nur um die Tonart H-Dur oder d-moll handeln

4.   Alle vorherigen Antworten sind falsch

Die Antworten 2 und 3 sind für einen Musiker leicht als völlig falsch zu erkennen. Stellte man Kindern im Musikunterricht die Frage, würden sie sicherlich mit 1 antworten. Die Variante 4 taucht in Testen sehr selten auf. Daher sollte man aufpassen, und ein guter Musiker weiß natürlich, dass außer den beiden in 1 genannten Möglichkeiten auch noch andere, seltenere Möglichkeiten bestehen, die man Kirchentonarten nennt. Sie hießen im obigen Fall dorisch in E, phrygisch in Fis usw. und waren in Europa hauptsächlich im Mittelalter im Gebrauch, tauchen aber auch heute noch auf, sogar in Rockmusik. Nimmt man auch noch chinesische, arabische und andere Tonarten dazu, ergäben sich noch mehr Möglichkeiten. In Antwort 1 steht aber ausdrücklich das Wort „nur", welches dem Leser zusammen mit der Tatsache, dass ausgerechnet hier die seltene Variante 4 angeboten wird, suggeriert, dass die naheliegende Antwort 1 falsch ist und eine kleine Falle darstellt. Ich kreuzte daher 4 an, und die Antwort war falsch, richtig war doch 1.

Brasilianische Musiker sind meistens hochmusikalisch, aber wissen wenig in Theorie, zumal sie in der Schule keine Musik haben, was sich erst jetzt ändert. Sicherlich hatte die Firma die Hilfe eines Musikers in Anspruch genommen, der gar nichts von Kirchentonarten weiß. Nun war es für mich nur ein Übungstest, sonst hätte ich die Frage anfechten können und sicherlich hätte man bei genauer Prüfung der Anfechtung stattgegeben. Damit wäre die Frage annulliert worden, was mich eigentlich nicht zufrieden gestellt hätte, denn ich hätte gerne meinen Punkt für die Frage erhalten, die ich vielleicht als Einziger richtig beantwortet hätte.

Seit Neuestem hat die Regierung erlassen, dass immer auch Portugiesisch getestet werden muss, ferner Informatik und allgemeine Fragen zur Pädagogik und zum öffentlichen Dienst. Das Fachwissen, also bei Richtern oder Pflichtverteidigern das Recht oder bei Musikern die Musik, macht nur noch 25% aus. Ich hatte viele Professoren an der Musikhochschule, die kaum Deutsch konnten. Wichtig war, dass sie gut in ihrem Fach sind. Auch im Sport haben ausländische Trainer Erfolg, und niemand würde bei Fußballtrainern etwa die Informatikkenntnisse testen. Das kann man sich nicht leisten, auch nicht in Brasilien, sonst würde der Fußball international zurückfallen. Aber im öffentlichen Dienst kommt es ja nicht so auf die Leistung an. So kann heute jemand Pianist oder Korrepetitor an einer Musikhochschule werden, der hervorragend in Portugiesisch und Informatik ist, aber leider nicht sehr gut Klavier spielt.

In Informatik darf man sich auf Fragen zu Word, Excel, usw. freuen, wobei ein ärmerer Brasilianer sich gar keine legale Kopie vom Microsoft Office leisten könnte. Es kommen dann Fragen wie: Ein Text soll in lauter Kleinbuchstaben verwandelt werden. Mit welcher Tastenkombination gelingt das, wenn auf dem Rechner Word 97 verwendet wird? Wer von uns erinnert sich noch an Word 97? Mancher hat es vielleicht nie gehabt. Und es geht hier um die Einstellung von Rechtsanwälten oder Klavierlehrern. Gut, auch ein Klavierlehrer könnte einen Theoriekurs halten und dafür etwas schriftlich abfassen wollen. Aber wenn er diesen Text in Kleinbuchstaben verwandeln wollte, könnte er doch dann im Menü nachgucken. Wenn er damit zu viel Zeit verlöre, wäre das doch sein eigenes Problem. Für die Schüler ist nur wichtig, dass er gut in Klavier und im Vermitteln des Klaviertrainings ist.

In Pädagogik hat die bis 2016 sozialistische Regierung versucht, in den Fragen auch unterschwellig ihre Doktrin unterzubringen wie: „In Europa lernen die Kinder sehr wenig in der Schule, während sie in Brasilien motiviert sind und gute Ergebnisse zeigen. Wie kommt das?" Die richtige Antwort zum Ankreuzen war: „Weil in Europa die Schulen nach dem neoliberalen Modell lehren, das nur auf die Ausbeutung der Arbeiterklasse bedacht ist, während in Brasilien die Regierung an der persönlichen Entwicklung und am Wohl der Kinder interessiert ist." Wer das niedrige Niveau brasilianischer staatlicher Schulen kennt und zudem die geringen Bezahlungen der Armen im Gegensatz zu den Reichen im Gegensatz zum sozialeren System in Europa kann jetzt laut lachen. Traurig ist, dass wegen der geringen Bildung viele Brasilianer Europa nicht kennen und daher so billige Regierungspropaganda glauben. Die sozialistischen Politiker der Regierung selbst wissen hingegen, dass die obige Behauptung nur Propaganda ist und schicken ihre Kinder keineswegs auf die angeblich so guten staatlichen Schulen, sondern auf teure Privatschulen.

Trotz dieser horrenden Umstände verkaufen viele Haus und Hof und studieren ein paar Jahre und machen an fünfzig Testen mit in der Hoffnung, einmal mit Glück dabei zu sein und dann eines der oft astronomischen Gehälter zu bekommen. So kommen zwei Typen von Menschen durch: introvertierte verstaubte Wissenschaftler, die nur in ihrer Materie und ihren Büchern leben, und geldgierige Typen, die eigentlich gar nicht an dem Beruf interessiert sind, aber für so ein Supergehalt alles machen würden. Und solche Typen werden dann Richter, Staatsanwälte usw. Möglicherweise ist das auch ein Grund für die ungeheure Geldgier vieler Richter. Auffällig viele sind trotz des astronomischen Gehaltes hoffnungslos verschuldet, und viele suchen zusätzliches Einkommen durch Bestechlichkeit.

Stelle man sich vor, eine Kirche, sagen wir, die Zeugen Jehovas, würden Pastoren suchen und böten ein Gehalt von 40.000 Euro und zusätzlich 6.000 Euro Mietkostenzuschuss pro Monat und andere Zuschüsse fürs Auto, Porto, Telefon, Reisen usw. Sicherlich würden sich auch Katholiken oder Lutheraner, ja selbst Atheisten bewerben. Aber wäre es gut und nützlich für die Zeugen Jehovas?

In den Favelas gibt es natürlich auch europäische Familien, aber Handwerker wohnen schon seit Zeiten, in denen sie noch wenig verdienten, eher in normalen, wenn auch einfachen Vierteln. Wenn Brasilianer deutscher Abstammung in Favelas wohnen, sind es oft kaputte Familien, oder Alkoholiker.

Wer in der Favela wohnt, kann auch dort einen Friseursalon oder eine Bar oder ein Kleinstgeschäft eröffnen. Er wird wenig verdienen, aber braucht auch nur sehr wenig investieren. Die meisten gehen aber zum Arbeiten in die Stadt. Sie bekommen Mindestlohn, und dieser reicht nur deshalb zum Leben, weil in der Favela kaum Wohnungskosten anfallen. So haben die Reichen, aber auch alle Unternehmer (die natürlich nicht alle immer reich sind) Vorteile von der

Existenz der Favelas, da die Favela es erst ermöglicht, dass man von so kleinen Löhnen leben kann. Lebensmittel sind auch sehr gestiegen und unterscheiden sich kaum noch von Europa. Sie werden auch noch mit 35% Mehrwertsteuer verteuert.

Die Mehrwertsteuer ist die sicherste Einnahme für den Staat. Die meisten sind so arm, dass sie keine Einkommenssteuer zahlen, und wer mehr verdient, hinterzieht meistens. Der Mehrwertsteuer entkommt aber keiner, nicht mal die Ärmsten der Armen. Dann schon eher, wenigstens teilweise, die Reichen, denn auf Luxusgüter ist der Mehrwertsteuersatz viel geringer. Am Ende zahlt ein armer Bürger somit wesentlich höhere Steuern als in Europa. Kein Wunder bei einem Land, das nur von Reichen regiert wird, sei es, dass sie sich liberal, konservativ oder sozialistisch oder sonst wie nennen.

Eine Favela ist wie ein Dorf. Und immerhin dürfen die Kinder hier auf der Straße spielen. Die Kinder der Mittelschicht sind in den Städten vielfach in die Wohnungen eingesperrt, weil die Leute Angst haben. Und wenn die Kinder mal auf die Straße dürfen, in der Regel nur, wenn ein Erwachsener zuguckt, müssen sie auf der Fahrbahn Fußball oder Fangen spielen und bei jedem Auto kurz unterbrechen. Es gibt kaum Plätze. Brasilianische Kinder spielen oft sogar im Haus Fußball. Daher sind sie gut in Dribblings auf engstem Raum und in der Ballführung am Fuß. Weiträumiges Spiel können sie hingegen nur auf dem Lande oder in den wenigen Vereinen lernen. Die Schulen haben meistens kleine Hallen, aber keineswegs ein Feld. Mit diesen Voraussetzungen wird Brasilien es immer schwerer haben, Weltmeister im Fußball zu werden, aber in einer ähnlichen Sportart, die nicht vom weiten Raum abhängt, werden sie immer Weltmeister: im Strandfußball.

Strände sind eines der wenigen öffentlichen Gelände, oftmals das einzige. Hier können die Menschen, die den Sand und das Meer mögen, liegen, spielen, joggen, sich unterhalten, in der Brandung oder wenigstens davor toben, wellensurfen oder – seltener – außerhalb der Brandung schwimmen. Die nördliche Hälfte Brasiliens hat unter dem Einfluss warmer Ströme fast badewannenwarmes Wasser, welches kaum noch erfrischt, ungefähr 500 km nördlich von Rio wird das Wasser dann ziemlich abrupt kalt, etwa ganzjährig gut zwanzig Grad, und nur in den Buchten zum Teil etwas wärmer.

Die Indios nahmen im Laufe eines Tages viele Bäder, aber die Weißen waren zur Zeit der Eroberung Südamerikas gerade davon abgekommen zu baden oder überhaupt nur mit Wasser in Berührung zu kommen, was als durchaus schädlich angesehen wurde. Der Trend setzte um 1500 ein und der Höhepunkt der Badeunlust lag um 1800. Die armen und immer penibel sauberen Indiomädchen wurden also nicht nur vergewaltigt, sondern das auch noch von stinkenden schmutzigen Bestien.

Nach 1800 kam das Baden langsam wieder auf, sowohl als zunächst wöchentliches Bad im Hause als auch im Meer und in Flüssen, später auch in Seen. Das Volk begann allerdings erst dem Wasser zu trauen, nachdem bekannte Herrscher erfolgreich den Anfang gemacht haben und im Wasser geheilt wurden. In England war es der Prinz von Wales, der später als Georg IV. König wurde. Er besuchte das Seebad Brighton. Sicherlich waren auch die Fürsten skeptisch was die versprochene Heilung durch Wasser betraf, aber sie folgten ihrem biblischen Vorbild, dem syrischen General Naaman, der mangels anderer Alternativen schließlich der Empfehlung des Propheten Elias folgte und dadurch gesund wurde. Nach der Heilung des Prinzen von Wales verlor auch das Volk seine Angst vor dem Wasser, und bald entstanden mehrere neue Badeorte.

Das Gleiche wiederholte sich in anderen Ländern. In Deutschland war es der Herzog Friedrich-Franz I. von Mecklenburg-Schwerin, der in Bad Doberan geheilt wurde, und in Brasilien der König Dom João (oder auf Deutsch Johannes) VI. von Portugal. Als Napoleon das mit England verbündete Portugal eroberte, konnte das Königshaus sich nach Brasilien absetzen und in Rio seine neue Hauptstadt finden. Der Herrscher litt an einer Infektion aufgrund eines

Flohbisses. Solche Sachen können in der Hitze leicht zu ernsten Folgen führen. Man errichtete dem Herrscher also ein Badehaus mit neun Zimmern. Da der König Angst gehabt hätte, ins Wasser zu gehen, senkte man ihn mit einer Vorrichtung an einer Art Kran soweit ins Wasser, dass nur seine kranken Beine umspült wurden.

Weiter ging sein Sohn Dom Pedro I., der bereits brasilianischer Kaiser genannt wurde. Sein Vater war von Portugal unter Druck gesetzt worden, und musste zurückkehren, obwohl er gerne von Brasilien aus weiterregiert hätte. Er ließ den Kronprinzen als Regenten zurück. Die Brasilianer drängten den jedoch dazu, die Unabhängigkeit zu erklären, ansonsten würden sie ihn nicht länger akzeptieren. Pedro erklärte also die Unabhängigkeit, und Portugal wehrte sich nicht nennenswert, und Pedro nannte sich sogar fortan Kaiser, wobei er natürlich weiter dazu beitrug, den Titel Kaiser oder sich selbst lächerlich zu machen, da ein Kaiser ja über den Königen steht. Der letzte deutsche Kaiser stand natürlich auch nicht mehr über den Königen von England und Frankreich, aber wenigstens über den Königen von Württemberg, Sachsen und Bayern. Um sich von denen abzuheben, musste er also Kaiser werden. Für Pedro war es hingegen nur ein Spiel mit dem Titel, denn es gab keine Könige, über die er herrschen konnte; auch die brasilianischen Indiostämme hatten keine staatenähnlichen Strukturen mit den Königen vergleichbaren Herrschern. Er stand aber noch unter dem Eindruck Napoleons, der sich bereits ganz schamlos selbst zum Kaiser gemacht hatte. Traditionell können nur Könige über sich einen Kaiser wählen und einsetzen, oder aber eine Institution wie der Papst macht einen König zum Kaiser, aber sinnvollerweise damit den Anspruch der Souveränität über Könige erhebend.

Kaiser Pedro I. ließ jedenfalls einen Pavillon für die Badegäste errichten, und ab 1850 wurde das Baden in Rio de Janeiro populär. Um den Strand zu besuchen, musste man jedoch bestimmte Regeln befolgen. Die Herren mussten sich dezent kleiden, wie die Polizeiordnung vorschrieb. Der beliebteste Zeitpunkt für ein Bad war während des Morgengrauens, also kurz nach sechs bis gegen sieben. Am helllichten Tage zeigte sich ein Mann, der auf sich hielt, nicht in leichter Badekleidung. Dom Pedro I. hingegen soll laut Berichten sogar nackt gebadet haben, aber natürlich nicht mitten in Rio.

Die Badekleidung war noch sehr umfassend, und besonders die Frauen hatten ihre liebe Not damit. Sie mussten ja knöchellange Kleider tragen, und waren daher bedeckter als die Männer. Aber wenn sie ins Wasser stiegen, hob das Kleid sich und breitete sich um sie herum auf der Wasseroberfläche aus. Sie ähnelten dann mit ihren Köpfen und dem Kleid riesigen Seerosen. Wer aber ins Wasser hineinblicken konnte, konnte den völlig nackten Körper bewundern, zumal Unterhosen ja auch erst um 1800 erfunden und erst nach und nach üblich wurden.

Wenn die Frau sich danach mit dem nassen Stoff setzte oder legte, zeigte es sich, dass das Kleid viel durchsichtiger geworden war und Brust, Brustwarzen und Schamlippen fein nachzeichnete, was sowohl die Frauen als auch wohl mehr noch die Männer freute.

Solche lasziven Freizügigkeiten verschwanden wieder, als mit Königen Viktoria in Groß Britannien und Kaiser Wilhelm I. in Deutschland zwei große Moralapostel auf den Thron kamen, deren Beispiel sogar vormals ausgefuchste Weiberhelden wie Napoleon III. in ihrer Gesetzgebung und öffentlichen Darstellung folgten. Die Badekleidung wurde schwarz und verbarg daher die Reize des Körpers wirkungsvoller.

Das Problem, dass die Kleider der Damen im Wasser bis zum Hals angehoben wurden, blieb jedoch, und wurde schließlich dadurch bekämpft, dass man etliche Bleikugeln in den Saum einnähte, was den Ärmsten allerdings außerhalb des Wassers allerhand Gewicht aufbürdete. Obwohl die Ärzte wegen der Gesundheit schon damals das Nacktbaden propagierten und obwohl einige Frauen sich in der Masse der Kleidung verhedderten und ertranken, setzten sich die langen Kleider mit Blei durch, bis eines Tages der

Tabubruch kam und Frauen Hosen anzogen, zunächst weite, rockähnliche Pluderhosen und zunächst nur unter dem Kleid, welches noch nicht fehlen durfte.

Die Unterhose wurde den Frauen nun plötzlich auch gestattet, da die Regierungen herausgefunden hatten, dass sie die Scham der Frauen zusätzlich verhüllte, was zur neuen strengen Moral passte und daher durchaus gewollt war. Plötzlich galt es als unsittlich, unterm Kleid ohne Höschen zu laufen. So begann die Unterwäsche sich zu verbreiten, und plötzlich kam man auf die Idee, beim Baden so etwas Ähnliches wie Unterwäsche zu tragen.

Das war zunächst nur etwas für Männer, zumal diese auch in der zweiten Hälfte des 19. Jahrhunderts begannen, den Sport wiederzuentdecken und auch zum Tennis und Laufen leichte und enger anliegende Kleidung suchten. Frauen, die einfach mit solchen „Männerkleidern" ins Wasser gingen, wurden jedoch verhaftet.

Nach dem ersten Weltkrieg kam dann die Befreiung mit den ersten Badeanzügen, zunächst in Frankreich. Und nach dem zweiten Weltkrieg kam der Bikini, der immer kleiner wurde, dann wurde er an den Seiten immer höher, um das Bein zu verlängern, und später fiel in gegensätzlichem Modetrend das Bund so niedrig, dass das Bein zwar wieder kürzer wirkte, aber dafür der Venushügel genau bis zum Ansatz der Schamspalte sichtbar wurde.

Natürlich mussten die Frauen zu dem Zeitpunkt bereits gut rasiert oder depiliert sein. In Brasilien fiel mit der Zeit das Hinterteil des Bikinis ganz weg und wurde nur ein Faden, „Fio dental" (Zahnseide) genannt. Mädchen, die in den siebziger Jahren noch nicht so schöne neumodische Bikinis besaßen oder deren Mütter so etwas nicht kauften, drehten sich in Brasilien die Bikinihöschen so zusammen, dass sie zwischen die Pobacken passten. Und etliche lachten, wenn sie die europäischen Bikinis sahen und meinten, sie sähen wie vollgeschissen aus.

Aber eine Freiheit hatten die Europäerinnen voraus: sie durften den BH am Strand weglassen. Das wäre in Brasilien undenkbar. Daher dachten sich die Frauen in Rio, vor allem die vielen jungen Mulattinnen, etwas Anderes aus. Sie nahmen ein heftpflastergroßes Stück Stoff und befestigten es so zwischen dünnen Fäden, dass es nur die Scheide bedeckt, so dass man wenigstens nicht die Spalte sieht. So wurde der Tange erfunden, und einige der Erfinderinnen schafften es mit ihrem Tanga und dem ansonsten fast nackten braunen Körper sogar auf Titelseiten von renommierten Zeitschriften wie dem Stern und frischten sogar die Wahlkampfplakate der SPD in Nordrhein-Westfalen auf.

Braun galt damals als gesund und sexy, und Brasilien propagierte dieses Klischee und verzierte alle seine Touristikprospekte mit fast nackten Mädchen. Auch ansonsten ging man sehr unbefangen mit der Sexualität um. Viel nackte Haut im Fernsehen, und sogar kleine Mädchen vollführten in knappen Bikinis in Fernsehtalentshows den berüchtigten Flaschentanz, bei dem eine Frau oder gar ein Mädchen ihr Becken über der Flasche provozierend kreisen lässt und sogar mit der Vagina den Flaschenrand berührt. Erst viel später und mit der weltweiten Aufarbeitung von Kindermissbrauchsfällen kam das Bewusstsein, um solche Erscheinungen aus dem öffentlichen Bereich fernzuhalten und zu ächten. Und gleichzeitig werden auch in Brasilien die Bikinis langsam wieder größer, was sich durch den weltweiten Eroberungszug des Islamismus im Zeitalter der Globalisierung auch noch weiter verstärken dürfte.

Die gleiche Entwicklung sieht man im Karneval. Jede „Sambaschule" ist ein großer Verein, der das ganze Jahr den prunkvollen Einzug am Rosenmontag oder Karnevalsdienstag vorbereitet. Dazu wählt sie sich ein Grundthema wie Samba, Korruption, Frankreich, Mozart oder sonst etwas. Die großen Wagen werden mit Gerüsten aufgerüstet, darüber die riesigen Figuren gebaut, hunderte Tänzer und Tänzerinnen nähen ihre Kostüme, trainieren die Tänze, ein Komponist schreibt und arrangiert Musiken und hunderte Musiker üben sie. Und der Verein sucht sich eine Königin. Wenn der Verein in der ersten Liga fährt, der Gruppe der renommiertesten Sambaschulen, aus der der letzte in der Bewertung der Richter dann absteigt, wird die Königin oft eine prominente Schauspielerin sein. Ursprünglich waren es hauptsächlich Mulattinnen. Sie zeigten so viel nackte Haut, dass die weißen Schauspielerinnen sich nicht dafür hergeben wollten. Aber heute haben diese auch ihre Hemmungen abgelegt.

Ende des 20. Jahrhunderts traten die Tänzerinnen fast ganz nackt auf. Der Busen durfte völlig nackt sein, obwohl er meistens mit einem Metallring umgeben ist oder anderweitig künstlerisch überhöht wird. Die Scheidenspalte darf nicht zu sehen sein, sonst gibt es Punktabzüge für die Schule, und wird deshalb mit einem Pflaster in der Farbe der Haut überklebt, welches später nicht zu sehen ist, zumal der Körper oft noch teilweise bemalt oder besprüht wird.

Der Hintern darf ganz nackt sein, zumal Brasilien den Hintern sehr als Sexsymbol schätzt, viel mehr als den Busen. Er ist es auch, der sich beim Samba am meisten bewegt und tanzt und daher die Blicke anzieht.

Auf dem Höhepunkt der Freizügigkeit arbeitete bei dem größten Fernsehsender Globo ein Österreicher namens Hans, der seine besten Tage schon hinter sich hatte. Im Aussehen erinnert er an Otto Waalkes, mit seinen langen, schütteren Haaren und krummen Beinen und Rücken, und oben ziert ihn eine Glatze. Er war als Designer für die Schnitte der Werbung für die Karnevalssendungen zuständig und filmte dafür hübsche Mulattinnen, die er dafür auswählte. So war es in der Stellung und bei Millionen armer Mädchen, die sich um eine Teilnahme reißen würden, auch nicht schwierig für ihn, mit ihnen zu schlafen und mit einer zusammen zu sein. Eines Tages tauchte ein neues Modell namens Valeria auf, und ihr Körper war so perfekt, das Hans beschloss, den Werbespot überhaupt nur mit ihr zu machen. Das Karnevalssymbolmädchen des Senders Globo nannte man Globoleza.

Sie tanzte nackt, aber farbig angestrahlt, über den Bildschirm, was im Zusammenhang mit Karneval selbst bei Youtube erlaubt ist, denn Karneval gilt als Kunst. Ausländische Fernsehsender wie der deutsche RTL, die sich für halbseidene Sachen interessierten, machten auch Reportagen über den Karneval, und als sie über die nackte neue Globoleza berichteten, sagte Hans, dass sie eigentlich nicht nackt sei, da sie Mulattin sei, und die braune Farbe wie ein Kleid für die Haut wirke. Bevor er sie zur Globoleza machte, musste oder durfte sie seine Geliebte werden, die Vorgängerin wurde nach kurzem Zickenkrieg entlassen.

Valeria war so hinreißend, dass Hans Globo überzeugte, im nächsten Jahr keine neue Globoleza zu suchen, sondern Valeria blieb jahrelang das berühmte Symbol. Und die Karnevalsschulen rissen sich um sie als Königin.

Die evangelischen Kirchen, die immer stärker in Brasilien werden, wetterten gegen den Karneval. Es ist beliebt, an den Tagen des Karnevals eine Einkehr in einer entlegenen Farm oder einem Seminarzentrum zu organisieren: Beten, Einkehr und viel Musik, aber eben mit christlichen Texten, anstelle von unkontrollierter Ausgelassenheit, Ausflippen, Alkohol und Sex. Seit etwa 2005 gibt es allerdings einige Gemeinden, die sagen „Nein, wir machen da einfach mit und montieren einen Wagen mit christlichen Themen, um zu zeigen, dass christliches Leben nicht Traurigkeit bedeutet, sondern Fröhlichkeit, und zwar eine viel tiefere und umfassendere Fröhlichkeit, und man braucht weder Alkohol noch sonst welche Mittel, um sie zu erlangen."

Als Hans 60 war, war Valeria noch nicht einmal 30, und jeder wusste, dass Hans bald Rentner würde und eine so hübsche und so viel jüngere Frau verlässt normalerweise dann ihren Mann, zumal sie auch in Brasilien dafür mit gutem Geld vom Scheidungsrichter belohnt würde. Aber auch Valeria begann über ihr Leben nachzudenken. Noch war sie hinreißend schön, aber was wollte sie aus ihrer Zukunft machen?

Da erzählte ihr eine Schauspielerin davon, dass wir auf der Erde nur sind, um zu lernen. Wir sollen lernen, zu lieben, Gott finden, Gutes tun, anderen Menschen helfen und sie glücklich machen, und wir werden gerade dann glücklich, wenn wir gar nicht viel über unser Vorankommen nachdenken sondern an Gott und den Nächsten denken. Die Freundin war nämlich evangelisch, und das will in Brasilien etwas heißen, denn katholisch sind fast alle, aber viele Katholiken sind fast so wie etliche Christen in Europa: Sie kennen ihre Kirche kaum.

Anders die evangelischen. Zur Kaiserzeit waren die evangelischen Kirchen noch verboten, obwohl in deutschen und holländischen Siedlungen gewisse Ausnahmen zugelassen wurden, um die Siedler besser anwerben zu können. Heute sind etwa 30% bereits evangelisch, und alle Mitglieder sind wirklich aktiv. Und die Kirchen platzen vor Leben, und auch die Gottesdienste sind ein ausgelassenes Fest. Und immer wieder werden ganz weltliche Leute, die bis dahin Rocksänger, Drogenhändler oder Animiertänzerin waren plötzlich evangelisch und sind wie verwandelt.

Valeria begann nachzudenken, aber nach der zweiten Schwangerschaft wurde sie nicht schnell genug wieder schlank und Globo kündigte ihr über den Kopf ihres Mannes hinweg. Valeria fiel in eine tiefe Depression.

Eines Tages packte sie gerade einen Koffer für Hans, als im Fernsehen eine arme Familie berichtete, wie sie zum Glauben gekommen war und so Drogen, eheliche Gewalt und andere schlimme Dinge überwunden hatte. Man spürte, wie glücklich sie waren. Da sagte Valeria sich, dass sie allen Reichtum habe, aber nicht das Glück dieser armen Familie kenne und sie beschloss, in einen Gottesdienst zu gehen.

Als die Musik anfing und auch als der Pastor sprach, spürte sie eine unbekannte, sich sehr gut anfühlende Macht in ihr Herz einziehen. Und als sie die Kirche verließ war sie eine andere Frau. Und sie ließ sich evangelisch taufen.

Natürlich hatte sie noch Verpflichtungen. Man würde es natürlich verstehen, wenn sie alles für ihr neues Leben absagen würde, aber sie wollte auch Diensterfüllung zeigen, und so hatte Brasilien zum ersten Mal nicht nur eine evangelische Karnevalskönigin, sondern auch erstmals eine evangelische nackte Tänzerin. Und sie wirkte so innerlich erneuert noch hinreißender.

Sie war jetzt bereits Mutter, was man einer Tänzerin natürlich nicht ansehen kann, aber im Vorjahr hatte man es genau bewundern können. Hans war es nämlich gelungen, seine Valeria auch zur ersten hochschwangeren Globoleza zu machen. Sie tanzte nackt und zeigte ihren Babybauch. Hans hatte nun das große Los gezogen. Valeria wurde eine treue liebevolle Ehefrau und Hausfrau, und sie bilden heute eine glückliche Familie. Valeria wird oft in Kirchen eingeladen und predigt oder berichtet über ihr Lebenszeugnis und wie sie zum Glauben gekommen ist und ist auf dem Wege, Pastorin zu werden. Der einzige Schönheitsfehler ist, dass Hans seine Familie nicht in die Kirche begleitet. Als in Europa aufgewachsener Mensch ist er es gewohnt zu denken, dass es die Kirche zwar überall gibt, aber man braucht sich nicht um sie zu kümmern. Allerdings muss man ihm zugutehalten, dass er seine Frau während der Depressionen mit viel Geduld behandelt und getröstet hat. Valeria aber hat in ihrer Kirche gelernt, dass eine Ehefrau treu und gut sein muss, selbst wenn der Ehemann nicht Christ oder gar ein schlechter Ehemann wäre, um mit dem geduldigen Verhalten ein Zeugnis abzulegen, und somit ist Hans nun wirklich ein Hans im Glück.

Brasilien ist ein zutiefst christliches Land und lässt sich mit dem Polen des 20. Jahrhunderts vergleichen. Ursprünglich rein katholisch hatte es nur von Sklaven eingeschleppte afrikanische Kulte als Konkurrenz zu befürchten. Sie heißen Macumba oder Candomblé und sind so nach Brasilien gelangt wie Voodoo in die Karibik. Die Sklaven versteckten die Tatsache, dass sie eine nichtchristliche Religion ausübten und montierten eine christliche Fassade, indem sie die Götter mit bestimmten christlichen Heiligen gleichsetzten. So gebrauchten sie in der Öffentlichkeit die Namen der Heiligen, dachten aber an ihre Götter.

Die katholische Kirche ließ sich das gefallen und assimilierte die Kulte. Außerdem gab es besonders unter den Politikern und im Militär immer viele Anhänger des Spiritismus, einer unter anderem von dem Franzosen Allan Kardec geprägten Doktrin, die verschiedene Richtungen hat, aber alle den Glauben an Seelenwanderungen und Dialoge mit Toten einschließen. Die höheren Variationen muten wie hochgeistige Philosophie an, während die unteren sich mit Macumba vermischen und unter anderem aus schwarzen geschlachteten Hühnern Dinge ablesen wollen. Um mit den Toten zu reden werden oft Kinder als „Pferd" missbraucht. Durch sie spricht ein Geist in mysteriösen Zeremonien, aber niemand, der nicht daran glaubt, weiß, wer da wirklich spricht und die Kinder können schwere Schäden davontragen. Aber die Spiritisten sind meistens auch katholisch, was die katholische Kirche toleriert.

Diese Toleranz kann auch als Nachlässigkeit ausgelegt werden und wird der katholischen Kirche seit einigen Jahrzehnten zum Verhängnis, denn die wesentlich strengeren Evangelischen ziehen immer mehr Leute an. Nicht so sehr die europäisch geprägten traditionellen evangelischen Kirchen wie die Lutheraner, Methodisten, Baptisten, Anglikaner oder Reformierten (Presbyterianer), sondern mehr noch pfingstliche und neu-pfingstliche Kirchen. Diese valorisieren das Wirken des Heiligen Geistes und lassen ihn in allen Lebensfragen Einfluss nehmen. Wer zum Beispiel eine Wohnung mieten will, wird sie kaum nehmen bevor er nicht mit seiner Familie ernsthaft darüber gebetet hat und eine Antwort Gottes in seinem Innersten spürt. Wer sich darin geistig übt, verspürt oft recht schnell Antworten, aber es besteht natürlich immer die Gefahr, dass diese Antworten selbst produziert worden sind, ohne dass der Mensch sich dessen bewusst ist. Manche Kritiker aus traditionellen Kirchen glauben auch, dass mitunter Dämonen oder selbst der Teufel den Menschen Dinge in die Ohren flüstern, die diese dann mit der

Stimme Gottes verwechseln. Viele traditionelle Kirchen lehren ja schließlich, dass der Heilige Geist heute nicht mehr oder nur in seltenen Ausnahmen mit den Menschen spricht.

Für Millionen Menschen in Brasilien ist ein Leben in ständiger Verbindung mit dem Heiligen Geist jedoch ganz natürlich. Atheistische Wissenschaftler haben dafür andere Erklärungen. Wenn ein Mensch in einer Favela zu Gott in großer Not betet, weil er nicht einmal mehr Geld hat, um Milch für sein Baby zu kaufen, dann kommt es vor, dass er plötzlich den Drang spürt, irgendwohin zu gehen, und kaum, dass er die Straße betreten hat, findet er einen Geldschein. Die Atheisten sagen, dass das nicht Gott war und auch natürlich kein Dämon, sondern der Schein dort vielleicht schon Stunden oder Tage gelegen habe, er aber von den anderen Menschen nicht wahrgenommen würde, da diese an andere Dinge dächten. Nun, da einer vorbeikommt, der verzweifelt an Geld denkt, sieht er den Schein natürlich gleich. Jeder mag urteilen wie er will, aber ich meine, dass ich so einen Schein auch selbst dann sehen würde, wenn ich genug Geld hätte.

Es kommt auch sogar vor, dass so eine arme Person genau von dem Ort gesagt bekommt oder davon träumt, wo so ein Schein zu finden ist. Und er geht vielleicht drei Kilometer, wühlt in einem bestimmten Abfall- oder Laubhaufen und findet darin das Geld. In dem Falle sprechen Atheisten von reinem Zufall oder von psychologischen Vorgängen. Wenn es aber Psychologie ist, möchte ich, dass ein Psychologe mich auch lehrt, Geld in Laubhaufen zu finden.

Auf der anderen Seite gibt es in Brasilien bei dem geringen Bildungsniveau und einer gutmütigen Einfältigkeit viele sehr primitiv denkende Gläubige, und selbst Scharlatane. Sie denken zum Beispiel, dass Gott den Geldschein selbst hergestellt und im Abfall versteckt hat.

Ich pflege solchen Leuten zu sagen, dass, wenn Gott dahinterstecke, er sicherlich lediglich die Dinge so koordiniert habe, dass ein versehentlich verlorener Schein an dem besagten Ort endete. Würde

Gott das Geld wirklich selbst hergestellt haben, wäre es Falschgeld. Natürlich könnte man von ihm erwarten, dass es so perfekt gefälscht wäre, dass es nicht zu unterscheiden wäre. Aber jeder Geldschein hat eine Nummer, und nun müsste es einen Schein dieser Nummer zu viel geben, und durch großen Zufall könnte die Tatsache der Bank auffallen. Ich glaube kaum, dass Gott so arbeitet, aber etliche Brasilianer glauben es.

Bei so viel Naivität ist die Religion auch ein gutes Geschäft für Scharlatane geworden. Zwar gibt es auch von den traditionellen Kirchen Abspaltungen oder Richtungen, die ganz moderne Gottesdienste machen. Zu Beginn spielt eine fantastische Band, hübsche Mädchen singen und tanzen im Background, jaulende Gitarrensolos, Kinder, Jugendliche und Erwachsene, die begeistert mitmachen, Kinderkirche oder Sonntagsschule für verschiedenste Altersgruppen, freundliche und offene Menschen, unter denen jeder Neugekommene sich gleich herzlich aufgenommen fühlt. Aber durch die große Vielzahl der Kirchen findet es niemand mehr ungewöhnlich, wenn jemand eine weitere, eigene Kirche auf eigene Faust aufmacht. Und das Volk nennt alles, was nicht katholisch ist, evangelisch, auch wenn manche Sekten nichts mit evangelischer Lehre gemein haben.

Manch einer eröffnet in seiner Garage eine Bar oder einen Imbiss, obwohl es in jeder Straße schon welche gibt, und wenn es nicht läuft, versucht er einen Friseursalon, danach eine Autowerkstatt. Man braucht dafür ja keine Lehre zu machen in Brasilien, und schon gar keine Meisterprüfung. Aber wenn das alles nicht funktioniert, macht er vielleicht eine Kirche auf. Er erfindet einen fantasievollen Namen, und eventuell macht er in irgendeiner anderen ebenso windigen Einrichtung einen Wochenendkurs zum Pastor. In einer oder mehreren Wochen hat er dann sogar ein Zertifikat, natürlich nicht staatlich anerkannt. Und obwohl es so viele tolle Kirchen gibt und auch die katholische Kirche wegen der Konkurrenz immer besser wird, kriegt er seine Garage voll, und wenn er gut ist, kann er bald einen größeren Raum mieten. Er kann sich einer bestehenden privaten Kirche wie eine Art Franchisebetrieb anschließen oder eine neue Kirche gründen.

Am Anfang kommt vielleicht niemand, außer ein paar Nachbarn oder Freunde, die den engagierten Christen unterstützen wollen, aber er kauft Musikinstrumente für eine Band und Mikrofone. In den ersten Tagen kann er nur Musik von CD spielen, aber er predigt schon in voller Lautstärke, damit die Leute auf der Straße aufhorchen. Und bald werden Jugendliche kommen, die gerne Schlagzeug oder Gitarre spielen wollen, aber nirgends die Gelegenheit haben. Diese und andere können in so einer Kirche sogar durchaus gläubig werden, denn sie sind ja ernsthaft dabei. Lediglich der Pastor ist vielleicht ungläubig, denn er betreibt die Kirche ja nur als Geschäftsmodell wie eine Art Schauspieler, und hätte vielleicht genauso gut auch einen moslemischen oder buddhistischen Andachtsraum eingerichtet, wenn damit Geld zu machen wäre.

In Brasilien gibt es natürlich kein Kirchensteuersystem, sondern jeder bezahlt seinen Zehnten. Wenn so eine neugegründete Kirche wenigstens zehn Mitglieder in der Garage vereinigen kann, welche alle zehn Prozent ihres Einkommens bezahlen, kann der Pastor bereits davon leben, wenn auch, je nach Höhe der Einkommen seiner Schäfchen, vielleicht nicht sehr gut. Er wird sich unter Umständen ganz nach dem Markt orientieren und das anbieten, was ankommt. Und so kann die Kirche wachsen. Vielleicht hat er bald hundert Mitglieder und stellt einen zweiten Pastor ein oder bildet ehrenamtliche Diakone aus, und die Kirche wächst weiter, und bald kann er die Gemeinde teilen. Mit hundert Mitgliedern sind seine Gottesdienste oft schon vielfältiger als die der europäischen Kirchen, den es kommen alle zum Gottesdienst, und darunter sind alle Altersgruppen gleichmäßig vertreten, also eine bunte, lebendige Mischung.

Und so wird er eines Tages reich. Und er kann diesen Reichtum offen zeigen, denn Brasilien kennt nicht die nordeuropäische, durch jahrhundertelange protestantische Erziehung erreichte Idealisierung der Bescheidenheit und des einfachen Lebens und der Geringwertung des Luxus. Ein Politiker der Millionen aus öffentlichen Kassen raubt und protzig mit privatem Hubschrauber, Luxushäusern und schönen jungen Frauen aufwartet, kriegt mehr Stimmen als ein bescheidener Politiker in der Art eines Günther Heinemanns oder auch Helmut Schmidts, selbst wenn alle wissen, dass das Geld geklaut ist. Aber die prachtvolle Erscheinung blendet so mächtig, dass darüber alles vergessen wird. In Europa gibt es das Beispiel Ludwigs XIV. von Frankreich, der sein Volk besonders brutal aussaugte, arrogant und sexuell pervers war, seine Nachbarn mit Angriffskriegen quälte und Frankreich in einem katastrophalen Zustand hinterließ, aber mit seinem geraubten Reichtum protziger war als alle anderen Könige.

Sein Enkel Ludwig XVI. musste dann die Zeche bezahlen und wurde für die großen Ungerechtigkeiten abgesetzt und geköpft. An den viel schlimmeren Hauptverursacher des Elends aber denken die Franzosen mit Stolz zurück, und selbst in Filmen ausländischer Produktionen wird er eher verherrlicht denn als Bösewicht dargestellt.

Als ich in den ersten Tagen in Brasilien in einer Pension übernachtete, wohnte neben mir eine ärmliche junge Frau, die von ihrem Ehemann aus der Wohnung geprügelt worden war und diese billige Pension vorübergehend bezogen hatte. Sie las viel in der Bibel, und als ich sie darauf ansprach, erzählte sie von ihrer Kirche, die Quadrangular-Kirche heißt, da sie auf vier Grundlehren aufgebaut ist. Sie ist eine der neueren Kirchen, sehr erfolgreich und dürfte inzwischen etwa zwei Millionen Mitglieder haben, ist aber in vielen Regionen noch nicht präsent. Die meisten Gemeinden sind klein, aber das Kirchengebäude der Gemeinde der jungen Frau aus dem Hotel ist ein riesiger Neubau mit über 2000 Sitzplätzen die wie in Tribünen abfallen und jedem eine gute Sicht bieten. Unten war der Altarraum, und dort saßen der Pastor und seine Frau. Im Gegensatz zu den meisten neuen evangelischen Gemeinden, die Talare als katholisch verdammen, hatte der Pastor einen weiten weißen Umhang und seine Frau einen prächtigen bunten. Seine Frau war offensichtlich auch Pastorin.

Unter anderem trat ein beeindruckender Kinderchor der Gemeinde mit 200 Kindern auf, der von der Band professionell begleitet wurde. Die junge Frau schwärmte nach dem Gottesdienst von ihrem Pastor: „Er ist unwahrscheinlich reich. Er besitzt Apartments in New York, eine riesige Farm, sogar einen privaten Hubschrauber und vieles mehr." Sie konnte meine Reaktion natürlich nicht verstehen als ich sagte: „Ja, da hat er wohl etwas falsch gemacht."

Auf Nachfrage erklärte ich zwar, dass ein Christ seinen Reichtum, wenn er welchen angehäuft hat, natürlich zum Wohle aller verwendet und nicht für sich nur behält, aber das hat die Frau sicherlich genauso wenig verstanden, als wenn ein Brasilianer einem Deutschen erklären wollte, dass eine Frau in der Kirche einen Hut aufsetzen müsse oder ein junger Mensch vor der Ehe keinen Sex haben dürfe oder dass man eine Hose oder Jacke keinesfalls zwei Tage ohne zu waschen tragen dürfe.

Die am schnellsten gewachsene private Kirche ist die Universalkirche, und ihr Besitzer ist Bischof Macedo. Die Kirche wurde berühmt durch ihre aggressive Feindschaft mit der katholischen Kirche. So trat der Bischof einmal vor laufender Kamera eine Marienstatue mit den Füßen und zerbrach sie. Ein anderer Bischof wurde am Flughafen festgenommen, als er in der Unterhose riesige Geldmengen in die USA schmuggeln wollte. Aber alle Skandale haben dem Wachstum der Kirche nichts anhaben können. Heute ist sie bereits viel größer als die meisten traditionellen evangelischen Kirchen.

Skandalös sich auch einige heimlich aufgenommene Videos, in denen die Bischöfe der Kirche keinen Hehl davon machen, dass sie selbst gar nicht an Gott glauben und sich über die Leichtigkeit, mit der das einfache Volk zu blenden ist, mokieren. Es gibt nämlich manchmal junge Menschen, die gutgläubig in so eine Kirche eintreten, sich begeistern lassen, Pastor werden und langsam aufsteigen.

Eines Tages kommen sie in den Führungszirkel und werden langsam darin eingeweiht, dass alles nur eine große Täuschung ist um das Volk auszusaugen und selbst gut zu leben. Mancher aber, der wirklich gläubig ist, kehrt der Universalkirche dann entsetzt den Rücken und sucht sich eine andere Kirche, aber einige haben noch schnell vor dem Bruch heimlich ein Video aufgenommen.

Alles, was gegen die Universalkirche spricht, wird von den Leitern einfach als Werk des Teufels dargestellt, denn dieser kämpfe eben gegen diese hervorragende Kirche. Bischof Macedo erkannte früh den Wert der Medien und kaufte viele Radiostationen sowie den zweitgrößten Fernsehkanal, der aber weiter seinen populären und auf hohe Einschaltquoten schielenden Kurs beibehielt und nur einen familiengerechten Touch verpasst bekam, also weg mit Mädchen im Bikini, die über Flaschen tanzen. Auch die Moderatorinnen sind zwar makellos hübsch, aber weitaus weniger leichtbekleidet als in anderen Sendern.

Das ist eigentlich ganz sympathisch und kommt bei vielen an, nur muss man eben in Kauf nehmen, dass die Universalkirche zwischendurch ihre Meinung und Werbung unbemerkt einfließen lässt. Alle diese Sender gehören aber nicht der Kirche, sondern sind Privateigentum des Bischofes Macedo. Einer der Forderungen der evangelischen Kirchen war es seit der Reformation, dass die Macht des Papstes gegenüber den anderen Bischöfen reduziert werden müsse. Jetzt kommen die Universalkirche und ähnliche Kirchen, die viele als evangelisch ansehen, mit einem Modell daher, in dem der Leiter nicht nur alle Entscheidungsgewalt hat, sondern sogar Besitzer der Kirche ist. Und diese Kirche unterwandert die Gesellschaft systematisch, ruft ihre Mitglieder offen dazu auf, in die Politik zu drängen, denn Politik bedeutet Macht und Einfluss.

Gegen die Zusage, bestimmte hochdekorierte Posten in Regierung, Verwaltung und Aufsichtsräten staatlicher Unternehmen mit Leuten der Universalkirche zu besetzen, schloss sie ein Bündnis mit den Sozialisten, als ob sie eine Partei und möglicher Koalitions-partner wäre, und verhalf Lula und Djilma dazu, Präsident zu werden.

Das Herausstechende an der Kirche sind die ständigen Teufels-austreibungen. Ihre Fernsehgottesdienste sind für ungeübte Ohren unerträglich, weil sich ständig Leute kreischend am Boden winden und der Pastor dann vor laufender Kamera den Teufel austreibt. In der Universalkirche sind die meisten dieser Leute sicherlich gedungene Schauspieler, aber es gibt auch Kranke, die zum Beispiel epileptische Anfälle haben und völlig falsch einem Exorzismus unterzogen werden, anstatt medizinisch korrekt versorgt zu werden. Aber es gibt auch Fälle, die wirklich mysteriös sind und auch von anderen Kirchen als solche angesehen werden. Da sind junge Mädchen aus Favelas, die plötzlich von Dingen reden, von denen sie gar nichts wissen können, und die Stimme ist auch ganz verändert. Sie entwickeln enorme Kräfte und müssen von mehreren Personen gehalten werden, was man ja auch schon von krankhaften Anfällen kennt.

Ich selbst wurde in einer Favela einmal von so einem dreizehn-jährigen Mädchen ernsthaft gebissen, als ich einen Arm sicherte und mich mit der Zeit nicht mehr konzentrierte. Obwohl bekannt war, dass das Mädchen gelegentliche epileptische Anfälle hatte, holte die Oma einen Pastor, und zwar nicht von ihrer baptistischen Kirche, sondern aus einer weniger seriösen, aber benachbarten Kirche, die „Deus é amor" (Gott ist Liebe) heißt. Dieser behandelte das Mädchen und betete und verkündete, dass Gott ihm soeben mitgeteilt habe, dass das Mädchen für immer geheilt sei. Ferner sagte er, dass einer der Anwesenden von einem Macumbeiro verzaubert worden sei. Er wolle jetzt nicht den Namen nennen, aber die betroffene Person werde wissen, dass sie gemeint sei und solle schleunigst Hilfe suchen, bevor schlimme Ereignisse ihr Leben heimsuchen würden. Dann ging der Pastor unter der staunenden Bewunderung der Familie und Nachbarn. Wir beteten noch weiter, und das Mädchen wurde ganz ruhig. Ich sagte im Gebet, dass wir in Wahrheit gar

nichts wissen, nicht einmal, ob es wirklich normale epileptische Anfälle sind oder irgendetwas zusätzlich im Spiel sei und bat Gott, dass
er uns stärke und rate und vor allem den Arzt erleuchte. Zwei Stunden später erhielt ich einen Anruf der Familie: Das Mädchen hatte
schon wieder einen Anfall.

Natürlich halte ich es auch für wahrscheinlich, dass die Geschichte mit der angeblich von einem Macumbeiro verzauberten
Person ein Bluff war. Vielleicht hat sogar eine Person, die von irgendetwas geplagt wird, gedacht, dass sie sicherlich gemeint sei. Vielleicht sucht sie dann tatsächlich bei dem Pastor Hilfe oder erzählt
den anderen davon. Aber auch ohne dass das geschieht, hinterlässt
so eine deutliche und prophetische Ansage eines Pastors immer einen nachhaltigen Eindruck.

Es gibt Pastoren, die mitten im Gottesdienst behaupten, der Heilige Geist habe ihnen soeben etwas sehr Wichtiges mitgeteilt. Dann
verkünden sie Dinge wie zum Beispiel: „Es ist hier unter uns anwe-
send eine Person, die ein furchtbares Verbrechen gegen Gott und
seine Mitmenschen plant." Dann wird die Person vermahnt und für
sie gebetet. Bei einer größeren Gemeinde ist es sehr gut möglich,
dass jemand etwas Übles im Sinne hat, bewusst oder unbewusst. Er
plant einen Betrug, er plant, fremd zu gehen, er plant, Drogen zu
nehmen, er plant vielleicht, ins Bordell zu gehen, es gibt viele Möglichkeiten. Und dieser wird von der Ankündigung des Pastors ge-
schockt sein und davon wahrscheinlich ablassen. Insofern hat der
Pastor sogar etwas Gutes erreicht. Vor allem aber steigt er in der Bewunderung der Gemeinde, und es kann sogar vorkommen, dass der
Übeltäter anfängt zu weinen, zugibt, dass er derjenige sei, von dem
der Pastor gesprochen habe, und öffentlich Abbitte tut. Das ist dann
natürlich sehr publikumswirksam und ein großes Glück für den Pastor.

Ich will nicht ausschließen, dass es Pastoren gibt, die solche
Nachrichten auf übernatürlichem Wege erhalten, denn ich habe
selbst andere zweifelsfrei übernatürliche Dinge mitbekommen, aber

in diesem Falle beruhen wahrscheinlich die meisten Fälle schlichtweg auf natürlichen und psychologischen Abläufen, und das nutzt
mancher Pastor aus.

Die Universalkirche ist heutzutage selbst in den kleinsten Städtchen vertreten. Sie dürfte in Brasilien etwa 7 Millionen Mitglieder
haben, dazu kommen etwa vier Millionen, die Bischöfen gehören,
die sich von ihr abgespalten haben und dasselbe Prinzip auf eigene
Faust ausbeuten. Die größte evangelische Kirche „Assembleia de
Deus", die unter sich in sechs oder mehr unabhängige Kirchen ge-
spalten ist, hat etwa 12 Millionen Mitglieder, die katholische 70 Millionen, die lutherische eine Million. Die Universalkirche versucht
auch, im Ausland Fuß zu fassen. Im aufgeklärten Europa schafft sie
es natürlich nicht, und in Belgien ist sie gar verboten, aber in Afrika
hat sie Erfolge. Ihre Zweigstellen funktionieren wie in einer Art
Franchise-Unternehmen. Die Pastoren müssen einen gewissen An-
teil abführen und die Produkte, Uniformen usw. der Kirche kaufen
und kaufen lassen.

Der Gottesdienst ist eine perfekte Show. Ein normaler Tempel (o-
der Kirche, wie man in Deutschland ja auch zu dem Gebäude sagt,)
ist oft ein normales Geschäftsgebäude, in dem vorher Produkte verkauft wurden und nun von der Universalkirche angemietet wurde.
Die Universalkirche investiert in die Mieten um die Kirchen an be-
lebten Straßen haben zu können. Wenn eine solche Kirche 150 Sitz-
plätze hat, hat sie meistens mehrere Gottesdienste pro Woche, denn
in den meisten evangelischen Kirchen gehen die Mitglieder nicht
nur einmal zur Kirche. Viele Gottesdienste haben Themen wie Gottesdienst um kaputte Familien zu heilen oder um für mehr Gehalt
zu beten oder für überhaupt einen Arbeitsplatz.

Es sind Themen, die aktuell sind, und mancher Katholik oder tra-
ditionell-evangelische Lutheraner oder Presbyterianer beneidet
heimlich die Möglichkeiten dieser Kirchen und denkt sich: Schaden
kann es ja nicht, wenn ich da auch einmal hingehe, wer weiß, viel-

leicht ist es nicht nur Aberglaube. Schließlich garantiert die Werbung im Fernsehen Erfolge. Die Kirche ist am Sonntag natürlich voll, und um die Bänke herum stehen an den Wänden aufgereiht an die vierzig uniformierte junge Leute, was schon mal beeindruckt. Es sind offizielle Helfer der Kirche, und sie müssen die Uniformen zu zehnfach überteuerten Preisen kaufen.

Die Universalkirche geht sehr einfach, klar und handfest vor, was bei den meisten eben gut ankommt. So fordert der Pastor vielleicht jeden auf, sich zu erheben und seine Hände segnend in Richtung des eigenen Heimes zu erstrecken, und dann wird gemeinsam für das Zuhause und die Familie gebetet. Dann wird schließlich für die Gehaltserhöhung gebetet. Jeder bekommt zum Beispiel einen Geldschein aus normalem Papier in einem Tütchen aus durchsichtigem Plastik mit goldenen Rändern, das mit Parfum eingestäubt wurde und so auch riecht. Ehrlich verdientes Geld riecht gut, verkündet der Pastor.

Jeder solle das Tütchen mit zu seinem Arbeitsplatz nehmen und damit alle seine Arbeitsgeräte und Utensilien berühren. Dann solle er den nachgemachten Geldschein aus dem Tütchen nehmen und ihn unter das Kopfkissen legen. In das Tütchen lege man stattdessen ein großes Bündel echter Geldscheine. Man solle nicht mit Gott feilschen, sondern ein echtes Opfer bringen, denn je mehr Geld man in das Tütchen investiere, desto höher falle die Lohnerhöhung aus. Dann bringe man das Tütchen im Laufe der Woche zur Kirche und tue es in die Kollekte.

Sicherlich wird es zufällig in den folgenden Wochen jemanden geben, der tatsächlich eine Gehaltserhöhung erhält. Mancher schöpft mit dem vermeintlichen Segen und Versprechen Gottes im Rücken auch Mut und spricht seinen Chef darauf an, und manche Chefs geben nach oder stellen einen Anreiz: Wenn du dies oder das diese Woche fertig schaffst oder verkauft bekommst, erhöhe ich dein Gehalt. Und wer eine spektakuläre Erhöhung erhält, wird danach durch viele Gemeinden geschickt um im Gottesdienst zu berichten.

Natürlich gibt es Leute, die ihre gesamten Ersparnisse opfern. Der Pastor erzählt geradezu von solchen Fällen, die dadurch zum Millionär geworden sind. Bei den meisten passiert aber gar nichts, denn statistisch gesehen sind die Mitglieder der Universalkirche eher ärmer als die der traditionellen Kirchen.

Mancher hat sich auch schon beklagt und gesagt, er habe eine wirklich große Spende gemacht, und der Pastor habe garantiert, dass das Geld in Form der Lohnerhöhung doppelt und dreifach zurückkehre, aber nichts sei passiert. Mancher ist sogar vor Gericht gezogen. Standardmäßig antwortet der Pastor in solchen Fällen, dass jedes Wunder nur dann passiere, wenn die Person nicht nur spende, sondern auch Glauben habe. Und offensichtlich habe der Klagende keinen Glauben oder einen zu schwachen gehabt.

Fast immer passiert es in den Gottesdiensten der Universalkirche, dass plötzlich eine alte, hässliche Frau nach vorne oder in die Mitte geht und anfängt Gott zu lästern und zu fluchen. Der Pastor erkennt natürlich sofort einen Dämon, und auf ein Zeichen stürzen sich alle uniformierten Helfer auf die Alte. Das gibt natürlich ein Gerenne und endet mit einem Menschenhaufen: Alle auf einer, wie in einem American-Footballspiel. Ein sagenhaftes und beeindruckendes Spektakel! Die Alte kreischt und verflucht den Pastor und die Helfer, bis der Pastor sich zu ihr vorgearbeitet hat und den Exorzismus durchführt, der dramatisch abgeht, aber immer erfolgreich endet. Am Ende ist die Alte glücklich und dankt dem Pastor und erzählt, wie schrecklich ihr Leben mit dem Dämon gewesen war.

In Belo Horizonte eröffnete jemand neben einer lutherischen Kirche am Rande einer Favela eine selbsterfundene neue Kirche, die durch besonders laut gespielte Musik die Lutheraner störte, aber sogar die Wirte der umliegenden Bars, weil deren Gäste nicht mehr die Kneipenmusik hören konnten. Zum Ärger des lutherischen Pastors liefen aber auch bald Kinder der lutherischen Kirche ebenfalls zu den Gottesdiensten der Konkurrenz. Besonders die Mädchen lieben es, die bekannten evangelischen Sänger aus dem Fernsehen zu imitieren und deren Musiken mit Playback im Gottesdienst vorzusingen oder choreografisch zu tanzen. Da die lutherische Kirche von einem richtigen, jahrelang studierten Pastor betreut wird, der an mehreren Orten Gottesdienst hält, kann sie nur einen Gottesdienst pro Woche anbieten, und so nutzen die Mädchen die vielen Gottesdienste während der Woche in der neuen Kirche, um das Eingeübte nochmals aufführen zu können. Und sie sind immer willkommen, sogar mehr als in der lutherischen Kirche, wo der Pastor vielleicht wählerisch ist und nicht alle Musiken akzeptiert, je nach Inhalt des Textes. So gibt es ein Lied, in dem behauptet wird, dass die wichtigste Gabe das Zungenreden sei, aber die lutherische Kirche lehrt so wie der Apostel Paulus, dass das Zungenreden nicht so wichtig sei und praktiziert es normalerweise nicht. So würde ein lutherischer Pastor dieses Lied kaum akzeptieren. Wenn es aber vielleicht eine mitreißende Melodie oder Choreografie hat, wollen die Mädchen es aufführen, und finden einen Platz woanders.

Eines Tages verkündete der selbsternannte Pastor dieser neupfingstlichen Freikirche oder Sekte, dass er gehört habe, dass vielen Mitgliedern Zähne fehlten, sie aber kein Geld für Goldzähne hätten. Daher würde er in der kommenden Woche in jedem Gottesdienst inbrünstig dafür beten, dass den Betroffenen Goldzähne wüchsen. Und tatsächlich, das Wunder geschah. Zwei Wochen später kam die Ehefrau des Pastors nach vorne und sagte, dass ihr ein Goldzahn gewachsen sei und zeigte zum Beweis einen schönen Goldzahn in ihrem Mund.

Ständig rufen die Universalkirche und ähnlich ausgerichtete Kirchen auf ihren Fernseh- und Radiokanälen die Leute zu Gottesdiensten mit so einer Kampagne für ein genau definiertes Ziel. Die Spots werden mit ausdrucksvoller Filmmusik unterlegt und sind genauso professionell wie die Werbespots des IS (Islamischen Staates). Eines Tages hörte man zu gruseliger Musik folgenden Text: „Mitternacht, die Stunde der Dämonen. Um Mitternacht erwachen sie und ziehen aus um die Menschen ins Unglück zu stürzen und ihr Leben zu zerstören. Wer seine Familie kaputtgehen sieht oder seine Arbeit verliert oder an einer Krankheit leidet ist vielleicht das Opfer von Dämonen. Was ist besser als sie in der Stunde zu bekämpfen, da sie ausrücken, um uns zu schädigen? Jeder der ein Problem hat, sollte an dem und dem Tag um 23.30 Uhr im Zentraltempel der Universalkirche sein, wo wir gemeinsam unter dem Schutz unserer vielen gebetsgewaltigen Pastoren die Dämonen an der Ausübung ihrer Pläne hindern werden."

Als ich das hörte, musste ich schon aus einem ganz bestimmten Grund lachen. Denn es war Januar, also Sommer in Brasilien, und wir hatten Sommerzeit. Das heißt, Mitternacht ist erst um 1 Uhr nachts. Es sei denn, die Dämonen gehorchen der brasilianischen Regierung und stellen ihre Uhren auch um. Selbst wenn man die Story der Universalkirche glauben würde, würde die Aktion also ins Leere gehen, da die Dämonen sich erst um 1 Uhr, also nach dem Gottesdienst, aus ihren Grüften erheben würden. Aber das Traurige ist, dass man in Brasilien mit so einem Unsinn enorm viel Geld verdienen kann. Einerseits kann manchem aufgrund psychologischer Wirkungen, wie bereits gesagt, trotzdem geholfen werden und er kann auch zum Glauben kommen, aber andererseits verwirrt so eine Kirche Gläubige, die vielleicht sonst eine ernsthafte Kirche besuchen würden.

Mit der Zeit wollte die Universalkirche nicht nur ihre Gottesdienste in Garagen und ehemaligen Geschäften feiern, sondern die katholische Kirche auch hinsichtlich der Tempel ausstechen. Diese besitzt nämlich auch in Brasilien etliche barocke oder neugotische Kathedralen. Die Universalkirche begann bombastische Kirchen zu errichten, zwar ohne Türme, aber dafür im Stile griechischer oder ägyptischer Tempel.

Dann kam ihrem Leiter eine geniale Idee. Der Tempel Salomos in Jerusalem wurde dreimal zerstört, und nach dem dritten Mal nicht wieder aufgebaut. Das Volk Gottes, laut Bibel, sind heute nicht mehr die Juden, sondern alle Gläubigen. Der wahre Wohnort Gottes ist das Herz der Gläubigen, daher dachte man nicht über einen weiteren Neubau nach. Sein natürlicher Ort wäre ja Jerusalem, welches natürlich keine christliche Stadt ist, und wenn der Tempel unter christlicher Federführung wiederaufgebaut würde, gäbe es bestimmt die größten Verwicklungen mit den Juden, aber in Jerusalem auch mit den Moslems. Ohnehin stehen auf dem originalen Tempelberg bereits moslemische Heiligtümer, nämlich der Felsendom und die al-Aqsa-Moschee, was schon zu genügend Spannungen zwischen Juden und Moslems führt.

Die Universalkirche aber hat den salomonischen Tempel wiederaufgebaut, und zwar mitten in Brasilien. Die architektonischen Maße und Angaben finden sich in der Bibel auf mehreren Seiten. Der gigantische Bau hat die Kirche keinen Pfennig gekostet, sondern sie verstand es, weltweit Spender für das große Ansinnen zu finden. Man kann sich gut vorstellen, dass viele Menschen auch aus den reichen Ländern sich begeistert und gespendet haben, so wie sie auch zum Aufbau von Schlössern, Kirchen, Schulen und anderen Gebäuden und Einrichtungen spenden, wobei sie über die Universalkirche wahrscheinlich gar nichts wissen. Für die Spender aus den weniger entwickelten Ländern war aber etwas anderes interessant: Bischof Macedo versprach allen Spendern, dass sie reich werden würden. Die Eröffnung wurde in Anwesenheit der mit der Universalkirche damals verbündeten sozialistischen Regierung unter Anführung der Präsidentin Djilma groß gefeiert. Die Universalkirche hatte schon immer hemmungslos katholische, evangelische, spiritistische Elemente sowie Macumba und Zauberei vermischt, aber jetzt kam noch das Jüdische hinzu. Bischof Macedo ließ sich einen langen Bart wachsen und fungiert als Hohepriester. Er ist übrigens bereits einer der reichsten Männer der Welt.

Einige Leute haben versucht, die unlauteren Machenschaften der Universalkirche während des Tempelbaues aufzudecken. Bischof

Santos von der Universalkirche erhielt einen Anruf einer Prostituierten. Wer den Bericht liest, kommt vielleicht auf die Idee, dass es
nur ein fingierter Anruf war, aber das ändert nichts an den Antworten des Bischofs. Die Prostituierte erzählte, dass sie seit zehn Jahren
Programm mache, und zwar seit sieben Jahren in Neuseeland in der
Hoffnung, dort besser zu verdienen. Das habe sich aber nicht erfüllt,
und sie wolle gerne aus der Prostitution aussteigen. Sie habe gehört,
dass die Spender reich werden würden und wolle daher eine Woche
umsonst anschaffen und alle Einnahmen für den Tempelbau spenden. Der Bischof ließ sich darauf ein, lobte die Prostituierte und versprach, dass mit der Spende ihr Leben sich zum Besseren wenden
würde.

Trotz aller Kritik an der Oberflächlichkeit, Scharlatanie oder gar
Betrügerischkeit mancher der inzwischen etwa 3000 verschiedenen
Kirchen erfüllen diese alle eine wichtige Funktion: Sie geben den
Menschen Halt und bewahren besonders in den Favelas unzählige
Menschen vor Drogen, Verbrechen, Prostitution und anderen
Schwierigkeiten des Lebens. Natürlich müssen auch sie sich in den
Favelas der Regierung der Drogenbosse oder Milizen anpassen, aber
der Drogenboss toleriert, dass der Pastor die Leute auffordert, keine
Drogen zu nehmen. Dabei gilt je einfacher desto besser, und einfacher ist es, einfach alles zu verbieten, also gibt es auch ein generelles
Alkoholverbot. Die traditionellen Kirchen sagen, dass es natürlich
schlecht sei, sich zu besaufen, die Bibel aber keinesfalls grundsätzlich den Alkohol verbiete. Gelegentlich geäußerte Meinungen, dass
der Wein, der zum Beispiel bei der Hochzeit von Kanaan ausge-
schenkt wurde, in Wahrheit Traubensaft gewesen sei, müssten als
abwegig bezeichnet werden. Die traditionellen brasilianischen Kirchen weisen darauf hin, dass der Zeremonienmeister bemängelte,
dass der Bräutigam zuerst den schlechten Wein und danach den guten angeboten habe. Das macht nämlich keinen Sinn, da im Verlauf
der Hochzeit die Leute angetrunken werden und die gute Qualität
gar nicht mehr wahrnehmen.

Wäre es Traubensaft, würde man es umgekehrt machen. Zuerst erhielten die Gäste gegen den großen Durst den billigen, und danach, wenn man in kleinen Schlucken weitertrinkt und genießt, zur Steigerung den guten.

Daher erklären die traditionellen Kirchen, dass es mit dem Alkohol ebenso sei, wie mit vielen von Gott angebotenen Gaben. Man muss sie im rechten Maß und zum Genuss benutzen und sich nicht etwa betrinken. Das gelte nicht nur für Alkohol, sondern auch für Süßigkeiten, Fernsehen, Kaffee, Sonnenbaden, Sex und viele andere Dinge, die das Leben verschönern sollen, aber fatal werden, wenn sie im Übermaß genossen werden. Aber die einfachen Leute, die gesagt bekommen, dass sie sich nicht besaufen sollen, wissen nicht, wo das besoffen sein anfängt. Drei Biere, oder fünf, oder zehn? Was ist erlaubt? Der traditionelle und ehrliche Pastor wird sagen, dass die Bibel kein Gesetzeswerk ist und jeder es mit seinem Gewissen, seiner körperlichen Kondition und persönlich in Verantwortung vor Gott ausmachen muss. Diese Antwort überfordert aber viele, oder sie überschätzen sich und sind am Ende besoffen, und wenn das öfter passiert, ruinieren sie ihre Familie, ihr Leben, schlagen im Suff Frau und Kinder usw. Da ist eine Kirche, die einfach sagt, was Sache ist, genau passend. Wenn sie sagt, die Bibel verbiete jeden Genuss von Alkohol, ist das für die meisten Menschen besser, auch wenn es vielleicht theologisch falsch ist.

Und so wimmelt es gerade in den neueren Kirchen von Vorschriften. Darf ein Mann einen Ohrring oder ein Tattoo tragen? Wie lang muss ein Rock genau sein? Darf ein Mann lange Haare tragen? Darf ein Mädchen sich depilieren? Ab welchem Alter darf sie Lippenstift verwenden? Darf ein Mädchen Fußball spielen? Darf ein Pastor unverheiratet sein? Darf man Kaffee trinken? Wann muss eine Frau ihrem Mann gehorchen und wann nicht? Wieviel muss man Spenden? Darf man Fernsehnovellen sehen? Darf man vor der Ehe Oralverkehr haben? Darf man ein weltliches Rock-oder Popkonzert hören? Alles wird genau geregelt, und die Menschen sind froh, denn nun wissen sie wenigstens, wie sie exakt zu leben haben. Endlich Schluss mit den Zweifeln.

Andere Kirchen bauen mehr auf die Freiheit und vertrauen auf die richtige Eingabe des Heiligen Geistes. Der Wahlspruch aus der Bibel ist dann „Alles ist erlaubt in dem, der mich stärkt". Das heißt, dass man in Jesus Freiheit hat. Wer Jesus in seinem Liebesgebot nachfolgt und in seinem Geist und in seinem Sinn handelt, wird automatisch alles richtig machen. Wenn er sich über irgendeine Regel hinwegsetzt, so wie Jesus es auch manchmal gemacht hat, wird er dafür schon gute Gründe haben, die er zuvor im Gebet mit Gott besprochen haben wird.

Oftmals scheut man sich aber, diese Freiheit auch dem einfachen Volk zuzugestehen, aber der Pastor und die Leiter machen eventuell mehr davon Gebrauch. Aber auch da kommt es natürlich zu Missbrauch, bewusst oder auch unbewusst. Der Pastor einer anderen Kirche, die auch dicht bei der schon angesprochenen lutherischen Kirche in Belo Horizonte liegt, verspürte einmal den Wunsch, die berühmten Bordelle in der Straße Guaicurus im Zentrum Belo Horizontes kennenzulernen. Da die Idee so unvermittelt kam, hielt er es für wahrscheinlich oder gar sicher, dass es eine Eingabe des Heiligen Geistes war. Es könnte ja zum Beispiel sein, dass er dort eine Dame aus seiner Gemeinde anträfe, um deren Seelenheil er sich dann kümmern würde.

In der Straße Guaicurus reihen sich verschiedene Bordelle, die alle im zweiten bis maximal fünften Stock von vormaligen Miethäusern liegen. Man passiert einen Pförtner im Erdgeschoss und eine Treppe zum ersten Obergeschoss. Im Erdgeschoss sind natürlich normale Geschäfte. In den Obergeschossen passiert man lange Flure, die einen mit dem typischen Geruch gemischt aus Parfüm, nackter weiblicher Haut und frischem Schweiß begrüßen. An den Fluren liegen unzählige Zimmer. Die Damen warten bei geöffneter Tür im Zimmer oder auf dem Flur. Ungefähr fast die Hälfte ist im Bikini, einige in fantasievollen Kostümen als arabische Haremsfrau oder Indianermädchen, und wieder anderen fehlt der BH oder öfter noch das Höschen, und einige sind völlig nackt. Einige tanzen nackt oder leicht bekleidet in ihren Zimmern, andere sitzen oder liegen dort gar mit weit geöffneten Beinen, und einige stehen auch auf dem Flur völlig nackt herum.

So ist es kein Wunder, dass ganz viele Männer einfach nur zum Gucken in der Mittagspause oder zu anderen Zeiten vorbeikommen. Schauen ist ja umsonst. In anderen Städten und Ländern geben Männer und heutzutage auch Frauen Geld aus, um nackte Körper in Peepshows durch kleine Gucklöcher oder auf Stripteasebühnen aus großer Entfernung zu begucken. Hier hingegen kann man die Mädchen umsonst und aus wenigen Zentimetern Entfernung betrachten und mit ihnen reden, nur anfassen soll man nicht. Deshalb findet man über 500 Mädchen, aber es drängen sich noch viel mehr Männer in den Gängen. In dieser Art ist die Straße Guaicurus einzigartig in Brasilien. In Sankt Paulo und Rio und anderen Städten sind solche Orte offener, und daher können die Frauen nicht nackt sein. In Belo Horizonte kommen daher viel mehr Männer, viele wollen nur gucken, aber etliche werden dann doch schwach. Und so machen die Mädchen viel mehr Programme. Dadurch können wiederum die Preise niedriger sein.

Ich habe eine Zeit lang mit Freunden und Nachbarn aus der katholischen Kirche in Belo Horizonte Suppe, Brot, Zahnbürsten, Decken und vieles mehr an Obdachlose verteilt. Ein Anlaufpunkt befand sich nahe der Straße Guaicurus. Einmal waren besonders viele katholische Jugendliche mit. Sie kümmern sich hinreißend um die Obdachlosen, umarmen diese, und zeigen ihnen, dass sie nicht verloren sind. Es kommt auch vor, dass sie jemanden überreden können, das Leben auf der Straße aufzugeben. Sie helfen ihm dann, Arbeit zu finden und seine Familie zu restaurieren. An dem Tag waren wenige Obdachlose an diesem Platz zugegen, und es bildeten sich keine langen Schlangen an der Suppenausgabe. Daher erbat auch mancher Mann, der es gar nicht nötig gehabt hätte, eine Suppe, und manche sagten ganz offen: „Ich hätte mir jetzt normalerweise für 8

Real (umgerechnet 3 Euro) einen Imbiss an einer Bude gekauft, aber es ist natürlich toll, dass ich eine Suppe essen kann, da kann ich mir von den 8 Real lieber ein Mädchen kaufen."

Das Programm dauert normalerweise nur 15 Minuten und kostet zwischen 2.50 und 13 Euro. In einigen Häusern, die schon äußerlich meist etwas heruntergekommen sind, gibt es die billigen Prostituierten: Alte Frauen, aber auch ein paar junge ganz schwarze Mädchen. Die ärmsten müssen sich so billig anbieten, weil sie so schwarz sind.

Normalerweise arbeiten sie 12 Stunden, also gibt es zwei Schichten; manche bleiben aber auch den ganzen Tag dort. Das Zimmer kostet 10 bis 27 Euro für den halben Tag, also etwas mehr als zwei Programme zu 15 Minuten. Der Hausbesitzer macht den Reibach. Die Häuser sind alt, und wo vielleicht vorher sechs Wohnungen mit zusammen 30 Zimmern auf einem Stockwerk im Monat 700 Euro brachten, zahlen die Mädchen bei 70% Belegung, was eine realistische Größe ist, schon etwa 700 Euro pro Tag. Einmal bekam Belo Horizonte einen evangelischen Bürgermeister und der wollte alle Bordelle der Straße Guaicurus schließen. Aber er ließ sich überzeugen, dass es damit nur noch schlimmer würde, die Mädchen würden auf der Straße arbeiten, wo diverse Gefahren lauern, oder Hunger leiden.

Weil an dem Tag, als wir dort Suppe ausschenkten, wenig zu tun war, sagten unsere Jugendlichen plötzlich ganz natürlich: Wir kommen gleich wieder, wir wollen mal ein paar Mädchen anschauen. Die katholischen Mädchen oder jungen Frauen kicherten und die Jungs machten einen Rundgang durch einige dieser Häuser. Offiziell darf man aber erst ab 18 rein, was der Pförtner auch oberflächlich kontrolliert, soweit er es bei dem zeitweiligen Andrang schafft.

Und auch der Pastor der kleinen evangelischen Kirche ging also durch diese Häuser, und bei einem der Mädchen fühlte er sich stark angesprochen. Er hielt inne und fragte sich, woher dieser plötzliche Drang kam, den er gerade zu diesem Mädchen verspürte. Sollte es eine Botschaft des Heiligen Geistes sein? Sicherheitshalber fragte er noch einmal den Heiligen Geist, ob es denn rechtens sei, wenn er mit dem Mädchen schlafe, aber der Heilige Geist hielt den Mann nicht davon ab. Zufällig erkannte ein Mädchen den Pastor und der Fall wurde in der Favela tuschelnd bekannt. Der lutherische Pastor kommentierte, dass der Heilige Geist nur früher so direkt zu den Menschen gesprochen habe, aber heute habe man die Bibel, in der alles drinstehe. Der baptistische Pastor meinte, es komme durchaus vor, dass der Heilige Geist auf Fragen antworte, wenn man wirklich in Zweifel oder gar Not sei. Wer aber so eine Frage an ihn stelle, beleidige ihn, da zumal ein Pastor bereits wisse, dass er zumal als verheirateter Mann nicht mit Prostituierten schlafen dürfe.

Je strenger die Kirchen sind, desto mehr putzen sich die Frauen und Mädchen heraus. Sie dürfen vielleicht nur Röcke anziehen, die das Knie bedecken, und keine Hosen, aber ansonsten sehen sie hinreißend aus, was die Haare, Schminke, die hochhackigen Schuhe und die ganze Körperhaltung betrifft, wie auf einem Ball.

In Vitoria, der Hauptstadt des Bundesstaates Espirito Santo, liegt das alte Fort São João (Sankt Johannes). Über ihm befindet sich ein malerischer Hügel, und auf ihm eine kleine Favela mit drei kleinen Kirchen. Eines Tages erhielt ich eine Einladung, mit meinem Chor dort zu singen, um gerade mit klassischer Musik einen Akzent gegen Drogen, Hiphop, Hoffnungslosigkeit und Dekadenz zu setzen. Der Chor akzeptierte. Sechzig Sänger kamen im Bus, der am Fuße des Hügels parkte. Es gibt nur eine lange Treppe hinauf auf den steilen Hang. Dort sind die Wachen der örtlichen Jugendgang postiert und lassen abends niemanden hoch, aber der Gottesdienst war am Abend, so wie ja in vielen neuen Kirchen am Sonntagmorgen die Sonntagsschule abgehalten wird, die oft mit einem kleinen Gottesdienst schließt, aber der festlichere Gottesdienst ist der am Abend. Der Pastor hatte aber natürlich mit dem Drogenboss gesprochen, und der hatte seine Jungs angewiesen, den Chor nicht zu belästigen und durchzulassen.

Die Treppe hat über 300 Stufen, und am oberen Ende kommt man bereits an Häusern vorbei, die wagemutig auf hohen Stelzen an den Hang geklebt wurden. Vor den Häusern saßen Männer, Frauen und Kinder und beäugten neugierig den Zug, die Mädchen und jungen Frauen meistens trotz der Kälte des Junis, der Winter in Brasilien bedeutet, nabelfrei und viel Bauch zeigend, manche gar im Bikini; sie wissen, dass die nackte Haut ihr anziehendstes Kleid ist.

Vor der Kirche aber sieht man Männer in Anzügen und Frauen in knielangen Kleidern oder Röcken, verdeckten Bauchnabeln und oft auch geschlossenen Dekolletés.

Die ersten Reihen in der Kirche waren von vielen kleinen Kindern besetzt. Die Mädchen schienen alle Prinzessinnen zu sein, so toll waren sie herausgeputzt. Wie Mädchen zur Feier der ersten Kommunion. Erwachsene waren im Verhältnis weniger da. Und die Kinder hörten ganz still zu, obwohl es unter anderem eine lange Kantate von Bach gab. Natürlich hat man in Brasilien in der Regel kein Orchester, sondern benutzt einfach ein Playback, was bei europäischen Kompositionen allerdings nur mit seltenem Glück zu bekommen ist, während die Komponisten der USA ein solches oft selbst anfertigen lassen und verbreiten, damit sich ihre Werke auch für Chöre kleinerer Gemeinden erschließen lassen. Am nächsten Tag erzählten die Kinder begeistert in der Schule, und sie sagten, dass sie einen echten Deutschen gesehen hätten.

Ich fragte den Pastor, wo die Eltern dieser Kinder seien. Der Pastor erklärte, dass viele Kinder alleine kommen, weil ihre Eltern betrunken oder voller Drogen in einer Ecke liegen würden. Ich sagte, dass es mit liegen allein sicher nicht getan wäre, immerhin habe die Mutter die Kinder ja ganz toll herausgeputzt. Nicht nur die weißen Kleidchen, sondern auch das Waschen und glätten der Haare, da die schwarzen Kinder nicht die typischen krausen Negerhaare zeigen wollen, und dazu das kunstvolle Schminken. Ich erwähnte, da seien zum Beispiel zwei entzückende Schwesterchen von etwa vier und sechs Jahren gewesen. Da antwortete der Pastor: „In der Favela müssen die Kinder früh selbstständig werden. Sie machen sich alle alleine fertig. Die sechsjährige macht sich fertig, und noch die vierjährige dazu, dann nehmen sie sich an die Hand und gehen alleine zur Kirche."

Mit sechs Jahren sind die Kinder in den Favelas viel intelligenter als die der Mittelschicht, von der körperlichen und handwerklichen Geschicklichkeit ganz zu schweigen, denn letztere sind im Haus gefangen und versumpfen meist vor dem Fernseher oder der Playstation, während die Kinder in der Favela mit sechs schon vieles können müssen. Der Vorteil verliert sich dann später, weil sie keine Privatschulen besuchen und nicht regelmäßig zur Schule gehen und keine Hausaufgaben machen können.

Sozialarbeit wie das Verteilen von Suppe an Obdachlose ist übrigens nicht die Stärke der neueren Kirchen. Da ist die katholische Kirche mit ihren unzähligen Werken ganz anders aufgestellt, aber auch einige evangelische traditionelle Kirchen tragen das Ihrige dazu bei. Die lutherische Kirche ist nicht ganz so gut, da ihre Mitglieder oft nicht den biblischen Zehnten zahlen. Denn die Pastoren sagen ganz offen, dass der Zehnte zwar im Alten Testament Referenz ist, aber Jesus schließlich die Gesetze durch sein allumfassendes Liebesgebot aufgehoben habe, so dass es im Grunde jedem frei stehe, mehr oder weniger zu spenden. Jahrzehnte lang lebten die Lutheraner vor allem von Zuwendungen aus Deutschland und den USA. Das ist heute ziemlich vorbei, denn Brasilien gilt nicht mehr als bedürftig. So fehlt den lutherischen Kirchen das Geld für mehr Sozialarbeit.

Die katholische Kirche merkt natürlich, dass ihr die Mitglieder abhandenkommen und zur evangelischen Konkurrenz wechseln. Daher passen sie sich dem evangelischen Stil teilweise stark an, produzieren ebenfalls kirchliche Musik mit guten Bands und einige beliebte Paters füllen gar Stadien. Das größte Problem ist, dass die Katholiken so auf den Pater fixiert sind, es aber nur wenige gibt, ganz im Gegensatz zu den vielen Pastoren. Und das Volk will eben, dass

ein richtiger Geistlicher den Gottesdienst hält oder den Familienbe-
such macht oder den Gemeindeausflug begleitet. Die Pater dürfen
nach wie vor nicht heiraten. Früher hat kein Hahn danach gekräht,
wenn ein Pater eine Freundin hatte, er gründete oft eine Familie mit
ihr, und so wie wir alle von sudanesischen Speerwerfern abstammen, stammen wir sicherlich alle auch von irgendwelchen Patern o-
der gar Bischöfen ab. In manchen südamerikanischen Ländern sind
die Familien gar stolz darauf.

Während in Europa es den Patern bereits seit Jahrhunderten
ernsthaft verboten wird, wenigsten eine Freundin zu haben, hat man
in Südamerika ziemlich lange die Augen zugedrückt. Aber heute ist
es vorbei damit, und man nimmt es den Patern sogar übel, wenn sie
in Bordelle gehen. Was aber sollen sie in ihrer Not in so einem heißen
und sinnlichen Land machen? So gibt es auch in Brasilien Fälle, in
denen sich die unterdrückte Sexualität leider verbotene Wege sucht.
Im Übrigen gibt es auch in Brasilien durchaus verheiratete Pater. In
der orthodoxen Kirche soll ein Pater verheiratet sein. Die orthodoxe
Kirche hat sich zwar bereits vor der Einführung des Zölibats von der
katholischen getrennt, die katholische Kirche ist aber offen dafür,
dass die Orthodoxen zurückkehren. Die meisten wollen das gar
nicht, aber viele orthodoxe Christen leben unter islamischer Herr-
schaft oder in deren Nachbarschaft und werden oftmals zu Tausenden oder gar Millionen abgeschlachtet. In Zeiten der Zunahme der
Verfolgung kommen manchmal einige Gemeinden auf die Idee, sich
wieder der katholischen Kirche anzuschließen, um in dem Papst einen Fürsprecher zu haben und vielleicht zu erwirken, dass die west-
lichen Regierungen Druck auf die moslemischen Regierungen aus-
üben, damit diese die Christen nicht töten, sondern schützen. In der
Regel ist eine der Beitrittsklauseln, dass ihre Priester verheiratet bleiben dürfen, und selbst neue Pater heiraten dürfen. Ein Beispiel ist
die an Rom angeschlossene Armenisch Katholische Kirche, die es
auch in Brasilien gibt.

Als ich Musikkurse im Bundestaat Espirito Santo gab, erhielt ich
einen Anruf von dem katholischen Orden Arautos do Evangelho

(Boten des Evangeliums), mit der Bitte, ihnen auch Unterricht zu geben. Da ich deren Sitz nicht fand und das telefonisch vermeldete, kamen sie mit einem Auto zur lutherischen Kirche, in der ich gerade Unterricht gab. Als ich das Tor zur Straße öffnete, verschlug es mir die Sprache. Vor mir stand ein Ritter, wie aus einem Film, eine Mischung aus Kreuzritter und Jehdiritter, in langem weißen Mantel mit mantelgroßem Kreuz. Und dann stiegen aus dem Auto noch zwei Ritter.

Das Wort Arauto suggeriert schon einen Ritterboten und nicht nur einen gewöhnlichen Boten, denn es ist ein sehr altertümliches Wort. Und der Orden, den es fast nur in Brasilien gibt, verehrt die Geschichte der alten Ritter. Sie leben in sehr gepflegten Anwesen umgeben von alten Büchern, Kanonen, kleinen Ritterfiguren und natürlich Marienstatuen. Sie machen eine fantastische Jugendarbeit, gerade für arme Kinder, organisieren Ausflüge, Bergbesteigungen und vor allem Musikunterricht. Ich schulte die Ritter, die im Hause allerdings eine einfachere Arbeitsuniform tragen, damit diese den Kindern wiederum Musikunterricht geben konnten. Alle Kinder und natürlich erst recht die Erwachsenen pflegten einen auffallend höflichen Umgang, und ich habe sehr gerne dort gearbeitet. Der Orden versteht sich als Hilfsorganisation der katholischen Kirche, so wie deren anderen Orden auch.

Als Rafaela Silva, ein Mädchen aus einer Favela Rio de Janeiros, 2016 Gold im Judo gewann, sympathisierte die Welt mit ihr. Sie sagte, dass es in der Favela eben nur zwei Wege gäbe um vom schiefen Weg abzukommen: Die Kirchen und der Sport.

Aber hier gibt es ein großes Ungleichgewicht. Kirchen gibt es in jeder Straße ein oder zwei, ebenso wie es in jeder Straße ein oder zwei Bars gibt. Ein Stadtviertel mit 10.000 Einwohnern wird grob geschätzt fast hundert Kirchen haben. Aber die Möglichkeiten, Sport zu machen, sind leider ganz begrenzt. Es ist schon ein großes Glück, wenn wenigstens eine Initiative oder Regierung in einer Favela ein Grundstück requiriert, betoniert und einen zehn Meter hohen Zaun

darum errichtet. So haben die Kinder einen betonierten kleinen Fuß-
ballplatz, zu dem dann noch zwei Tore und die gemalten Linien
kommen. Wenn aber in der Favela ein Kind lebt, das Talent für eine
andere Sportart hat, wird es dieses in den meisten Fällen nie entde-
cken. Auch die Olympiasiegerin aus der Favela verdankt ihre Ent-
deckung nur einem großen Zufall, wobei Judo wenigstens noch eine
Sportart ist, die sich auch in Schulklassenräumen ausführen lässt.

2014 kam der große Schock mit dem legendären 1:7 Brasiliens gegen Deutschland. Überhaupt war es dem deutschen Team im Gegensatz zu manch anderem gelungen, durch sein bescheidenes und
sozial engagiertes und korrektes Auftreten viel Sympathie zu erlangen. Die Brasilianer guckten aber auch nach Deutschland um zu sehen, wie viele Möglichkeiten es in Deutschland gibt, Fußball zu spielen. In Brasilien gibt es keine Kreis- und Bezirksligen, der ganze un-
tere Bereich fehlt. Höchstens die Kinder haben Mannschaften, die
Punktspiele auf Bezirksebene machen, aber mehr in den kleineren
Städten, wo Platz für Fußballfelder ist. Eine große Stadt hat so wenig
Vereine und nur ein oder zwei Stadien, da können nicht viele Kinder
spielen.

Brasilien ist aber auch das Land des Fernsehers. In jedem Haus
stehen mehrere, und beim Bäcker, Friseur, in Werkstätten und überall laufen sie den ganzen Tag. Die Meinung, dass zu viel Fernsehen
schaden könnte, ist in Brasilien unbekannt. Und besonders die Männer lieben es, Fußball zu sehen. Und davon gibt es mehr als genug,
zumal die Clubs mehr Spiele machen müssen als in Deutschland,
meistens zwei pro Woche. Das liegt daran, dass außer der Bundesliga bzw. zweiten oder dritten Bundesliga jeder Verein auch noch in
der Landesliga spielen muss. Wenn es in Deutschland auch so wäre,
müsste man die ganze Bundesliga in einem halben Jahr durchzie-
hen, trotz Championsleague und Pokal, was es alles in Südamerika
auch gibt, und in der anderen Hälfte des Jahres würde man eine Landesliga spielen. Die Berliner Landesliga würde dann aus Hertha BSC
Berlin sowie zehn bis zwölf weiteren guten Berliner Clubs gebildet
werden, die naturgemäß ein recht unterschiedliches Niveau haben.

Spannung tritt aber auf, wenn es, wie in Nordrhein-Westfalen, mehrere Bundesligaclubs gibt, die dann ja alle in derselben Landesliga wären. Es kommt dauernd zu interessanten Lokalderbys und alles wird noch lebendiger, wenn die Großen bei den Kleinen auch mal straucheln.

Bei Weltmeisterschaftsspielen ist es ganz undenkbar, dass jemand das Spiel nicht sieht. Alle Schulen und Fabriken schließen und Sonderbusse fahren die Leute rechtzeitig vor dem Spiel nach Hause. Alle Straßen sind geschmückt wie zu Weihnachten, aber mit den Farben Brasiliens. 1994 war das erste Spiel für Brasilien bei den Weltmeisterschaften gegen Russland. Also eine lösbare Aufgabe. Ich befand mich im zwölften Stock eines Hotels in Rio alleine in einem riesigen VIP-Apartment. Als der kleine Mittelstürmer Romario sich seinen Bewachern durch eine geschickte Drehung entzog und das Tor machte hörte ich ein so gellendes Geschrei, dass ich zusammenschrak. Dann dachte ich, dass vielleicht die Zimmermädchen des Hotels sich ausgerechnet im Flur meines Stocks zusammengesetzt hätten um das Spiel zu sehen. Ich guckte aus der Tür, sah aber niemanden.

Später fand ich heraus, dass das Geschrei tatsächlich bei den Toren so laut von der Straße und den umliegenden Gebäuden zu mir herüberdrang. Dazu kamen auf Hochhäusern aufgestellte riesige Lautsprecher, um die Freudenmusik zu spielen und dazu Raketen.

Brasilien siegte 2:1 und wurde am Ende Weltmeister. 2002 stand Brasilien im Endspiel gegen Deutschland, letzteres hatte den besten Torhüter der Welt: Oliver Kahn. Dieser nahm den Mund voll und sagte, dass die berühmten brasilianischen Stürmer gegen ihn kein Tor zustande kriegen würden.

Dabei hätte er aus vielen Beispielen des Fußballs wissen müssen, dass Hochmut immer bestraft wird, sei es vom Schicksal, sei es von Gott oder aufgrund psychologischer Folgen. Brasilien hatte es beim Auftaktspiel zu spüren bekommen, das dieses Mal gegen die Türkei ging, und einige Spieler hatten gesagt, sie bräuchten sich gar nicht anzustrengen, da man so ein Spiel mit links gewänne. Die Folge: Zur Pause lag Brasilien 0:1 hinten.

Mit viel Mühe konnte das Spiel noch gedreht und 2:1 gewonnen werden. Und Oliver Kahn, der den Mund so voll genommen hatte, machte ausgerechnet im entscheidenden Endspiel ein „Hähnchen" (frango), wie in Brasilien ein Torwartschnitzer genannt wird. Er ließ einen Ball abprallen und so ging Brasilien in Führung. Bis dahin hatte Deutschland mehr vom Spiel gehabt, zumindest gut gegen gehalten. Am Ende gewann Brasilien 2:0.

Ganz anders 2014. Deutschland war bescheiden aufgetreten, während der brasilianische Trainer, als er wegen der Spielerauswahl kritisiert wurde, zum Besten gab: „Selbst Jesus könnte keine Aufstellung machen, die allen gefällt." Und das vorweggenommene Endspiel Brasilien gegen Deutschland, noch dazu in Brasilien, also eigentlich ein sicherer Sieg, war wie verhext. Jeder deutsche Torschuss ging ins Tor. Und das bei Spielern, die, wie auch zuletzt wieder bei der Europameisterschaft 2016 zu sehen, zwar gut spielen, aber einfach den Ball nicht ins Tor rein kriegen. In anderen Spielen, so auch zum Beispiel 2002, holt Deutschland endlos Ecken heraus, aber sie nützen nichts, da niemand ein Tor daraus macht. 2014 wurde gleich die erste Ecke ein Tor. Was war passiert? Psychologie, Schicksal, oder sollte etwa, wenn auch nur sehr gelegentlich, Gott mit einem kleinen Finger das Spiel ein bisschen manipulieren?

Franz Beckenbauer könnte dazu vielleicht mehr sagen. Er schaute einmal in einem Länderspiel, in dem er Libero war, zu, wie Günter Netzer, der große Stratege im Mittelfeld, sich kunstvoll den Ball für einen direkten Freistoß aus größerer Torentfernung zurechtlegte. Plötzlich überkam es Beckenbauer wie eine unwiderstehliche Macht, und er wusste oder spürte etwas, und als Netzer zurückging um Anlauf zu nehmen preschte Beckenbauer vor und schoss den Ball. Dieser segelte unhaltbar ins obere Eck.

Nun schaffen selbst große Freistoßspezialisten wie der Portugiese Ronaldo es in der Regel nicht einmal, das Tor zu treffen, geschweige denn ein Tor zu machen. Nur ein winziger Teil der Freistöße wird zu Toren. Und wenn der Schuss kein Tor gewesen wäre, hätte Netzer Beckenbauer für die Dreistigkeit eine reingehauen und es wäre ein Skandal gewesen, Beckenbauer hätte als unkollegial und unbeherrscht dagestanden. Er hätte auch niemals geschossen, wenn er nicht absolut sicher gewusst hätte, dass es ein Tor würde. Aber woher wusste er es? Psychologie, göttliche Eingebung, Vorahnung, aber wenn Vorahnung, wer produziert die Vorahnung in uns?

In Brasilien jedenfalls sind viele Spieler sehr religiös und finden im Gebet eine zusätzliche Kraftquelle und können dies auch der Mannschaft vermitteln. 2002 war es der Verteidiger Lucio, der bei Bayer Leverkusen und Bayern München lange auch in Deutschland gespielt hat. Er war evangelisch und ein hervorragender Mensch. Er konnte sein ganzes Team motivieren. Bei Bayer Leverkusen lief ohne ihn gar nichts. Mit ihm spielten sie um die Meisterschaft mit, aber als er eine längere Verletzungspause hatte, ging es auf den Abstieg zu, der nur abgewendet wurde, weil Lucio wieder gesund wurde. Da ging es wieder aufwärts, aber dann kauften die Bayern den Star. Während andere brasilianische Fußballstars ihre Nachbarn durch endlose Partys nerven, auf der leichte Mädchen und oft sogar Drogen nicht fehlen, was oft das plötzliche vorzeitige Karriereende zur Folge hat, leben die evangelischen Spieler glücklich mit nur einer Frau und ihren Kindern und sind vielen Jugendlichen ein gutes Vorbild.

Selbstverständlich könnte auch in der Favela jedes Kind aufsteigen. Schließlich gibt es auch in Brasilien Büchereien, wenn auch selten. Anders als in Deutschland haben sie kaum noch Ausleihen, da die Kinder Handys haben und nur ins Internet gehen. Die Eltern wissen nicht, dass es gut ist, wenn die Kinder viele Bücher lesen. Auch in Brasilien könnte jedes Kind irgendwo Bücher ausleihen und lesen. Wenn es jeden Monat auch nur ein Buch lesen würde, käme es bis zum 18. Lebensjahr auf 144 Bücher. Zum Vergleich: Ich und viele meiner Klassenkameraden hatten mit 18 etwa tausend Bücher gelesen, im Schnitt also mehr als eines pro Woche. Aber selbst mit 144 Büchern würde sich ein brasilianisches Kind schon von anderen Gleichaltrigen abheben und einen guten Schulabschluss machen. Aber leider vermittelt das auch keiner den Kindern, und es reicht ja auch nicht, wenn ein Ausländer wie ich es einigen mitteilt. Woher sollen sie also wissen, ob das wirklich stimmt?

Einmal sah ich ein achtjähriges schwarzes, ärmlich gekleidetes Mädchen vor meinem Haus zusammen mit seinem kleineren Bruder im Müll kramen. Ich wohnte damals in keiner armen Gegend und wunderte mich woher es käme. Obwohl ich im Auto saß und gerade am Wegfahren und in Eile war, fragte ich das Mädchen, denn wenn es Nahrung gesucht hätte, hätte meine Frau gerne geholfen, und unsere Nachbarin auch. Wie überrascht und auch erfreut war ich, als sie sagte, sie suche nach Büchern. Gleich rief ich meine Frau, und diese bat die Kinder herein und schenkte ihnen einige Bücher.

Später, als ich wieder zu Hause war, sagte meine Frau, dass sie vergessen habe, zu fragen, wo die Kinder wohnten und ihnen zu sagen, dass sie wiederkommen sollten um die Bücher zu tauschen. Ich hätte sie gerne kennengelernt. Vielleicht hätten wir sie in einem unserer Musikprojekte o.a. auch fördern können.

Ja, manche Kinder bekommen so eine Chance. In Belo Horizonte hatten wir ein Projekt, mit dem wir Kindern in zwei Favelas Flötenunterricht und Chorsingen beibrachten. Mit Unterstützung von Yamaha und der Lutherischen Kirche konnten wir 60 Kinder unterrichten. Ein Mädchen war schon 15, und sie fragte, ob sie überhaupt mitmachen dürfe, da sie in einem halben Jahr die Schule verlasse. Sie wollte versuchen, Hausmädchen zu werden. Mädchen, die auch an der Arbeitsstelle in einem Dienstmädchenzimmer wohnen, sind auch damals schon schwer zu kriegen gewesen, also hätte sie Chancen gehabt, allerdings bräuchte sie eine Empfehlung, sonst würde kaum jemand es riskieren, ein Favela-Mädchen einzustellen, denn es kommt vor, dass sie nach ein paar Tagen ihre Brüder oder Cousins ins Haus lässt und die dann alles ausrauben. Das Mädchen verschwindet dann natürlich auch oder tut so, als sei es überrumpelt und überwältigt worden.

Wenn das Mädchen im Haus wohnt, steht es praktisch ganztags zur Verfügung, obwohl nach Gesetz die 48 Stundenwoche auch für sie gilt, aber das prüft ja erstens keiner nach, und zweitens ist das Entscheidende, dass die Arbeitszeit sich dann besser Verteilen lässt. So braucht man sie vielleicht um 5 Uhr morgens, um das Frühstück zu machen, vielleicht auch mittags, falls Kinder zum Essen ins Haus kommen, und abends, um das Abendbrot zu kochen und auf- und abzutischen. Aber das Mädchen kann Geld ansparen, denn es isst und wohnt im Hause der Arbeitgeber und hat fast keine Ausgaben. Oft kann sie übriggebliebene Lebensmittel und auch Kleidung und anderes mit Erlaubnis der Arbeitgeber nach Hause bringen und damit ihrer eigenen Familie helfen.

Es wurde der Jugendlichen gestattet, trotzdem am Flötenunterricht teilzunehmen, und sie erwies sich nicht nur als sehr nett und hübsch mit glänzender brauner Haut und dunklen Augen, sondern vor allem auch als sehr musikalisch begabt. Mein Musikerkollege Gerson, der das Projekt leitete, erhielt für seine Arbeit zwei Mindestgehälter von der lutherischen Kirche und arbeitete dafür zwei bis drei Tage pro Woche in dem Projekt. Er hatte bei mir Klavier- und Dirigierunterricht, aber er war vor allem fantastisch in Gitarre. Und er machte dem Mädchen einen ungewöhnlichen Vorschlag. Anstatt für ein Mindestgehalt 48 Stunden im Haushalt zu arbeiten, könnte sie das Mindestgehalt auch bekommen, wenn sie 40 Stunden Flötenunterricht gäbe.

Sie willigte ein, und Gerson gab ihr die Hälfte von seinem Gehalt. Er glich den Verlust aus, indem er in der gewonnenen Zeit Privatschüler annahm, aber das Mädchen konnte für das selbe Geld 100 Schüler unterrichten, so dass insgesamt viel mehr Kinder als zuvor

Unterricht erhielten. Bald hatte das Mädchen ein eigenes Flötenorchester aus jüngeren Kindern, während Gerson weiterhin das fortgeschrittene Orchester führte. Als das Mädchen mit 16 Jahren in der lutherischen Kirche erschien und mit seinem Orchester im Gottesdienst aufspielte, waren die Leute hingerissen. In der lutherischen Kirche sind bis heute viele Nachfahren deutscher Einwanderer, und ein Sohn aus einer besser gestellten Familie verliebte sich in die junge Musikerin. Sie heirateten, und die Frau studierte Schulmusik und Kunst und ist jetzt Lehrerin.

Sie ist auch eine der wenigen, die ihre Ahnen kennt und weiß, dass sie portugiesisches, italienisches, afrikanisches und indianisches Blut in sich vereinigt, und sie kennt ein bisschen aus dem Leben der Großeltern und sogar zum Teil der Urgroßeltern. Viele wissen überhaupt nichts über ihre Vorfahren. Schade, denn das Wissen um die Vorfahren ist auch ein Stück Geschichtsbewusstsein und hebt das Selbstwertgefühl. Ihre Uroma war bis mit 14 Jahren ein in der freien Natur lebendes Indiomädchen, bis es wörtlich mit einem Lasso eingefangen, vergewaltigt und dann einem ehemaligen Sklaven und damaligen Lohnarbeiter zur Frau gegeben wurde. Dieser hatte eine afrikanische Mutter und sein Vater war ein portugiesischer Sklavenaufseher, der die Mutter geschwängert hatte, wahrscheinlich auch in Form einer Vergewaltigung, aber dazu hat diese Ururoma sich nie geäußert. Die Indiofrau hatte ein reiches Wissen und kannte Kräuter gegen Krankheiten und vieles mehr. Dieses Wissen gab sie an ihre Tochter weiter, aber die spätere Generation interessierte sich nicht, und so ging es leider mit dem Tod der Oma verloren.

Leider schämen sich viele Leute mit so einer Familiengeschichte, sie zu erzählen. In Wahrheit sollten sich wenn, dann die schämen die Sklavenbesitzer unter ihren Ahnen haben. Aber selbst in Deutschland gibt es ja auch Leute, die lieber einen SS-Mann als einen KZ-Häftling unter ihren Vorfahren haben wollten.

Gewöhnliche Verbrecher wie Einbrecher oder Räuber wohnen selten in Favelas, da sie dort zu sehr von den Jugendlichen der Drogenbanden kontrolliert würden. Ganz undenkbar wäre es, sich vorzustellen, wie so ein Einbrecher oder Räuber nachts mit einem Sack voller Beute und vielleicht sogar bewaffnet in die Favela hineinkommen wollte, ohne dass die Wachen der Drogengang es bemerkten.

Sie wohnen häufig unauffällig in anonymen Mietshäusern. Wichtig ist es für sie, dass eine alleinstehende alte Dame in dem selben Haus wohnt, möglichst nicht sehr weit weg von ihrer Wohnung. Dieser werden dann nach jeder Aktion die Waffen übergeben. Sollte die Polizei eines Tages auftauchen und bei dem Täter eine Hausdurchsuchung vornehmen, fände sie keine Waffen.

Am gewöhnlichsten ist in Brasilien der Typ des Räubers, der Überfälle macht. Und in den letzten Jahren hat es sich für sie am meisten bewährt, ein Motorrad zu benutzen, und zwar mit zwei Personen. Der Hintermann hält eine Waffe in der Hand und das Motorrad hält auf Höhe von Passanten und fordert das Handy und Geld. Danach sind sie schnell weg.

Arbeitszeit ist natürlich nachts, denn abgesehen davon, dass sie weniger leicht identifiziert werden können, sind weniger Passanten unterwegs, und sie sehen es auf jemanden ab, der alleine oder auch zu zweit in einer einsamen Straße unterwegs ist.

So ein Motorrad kann auch ein Auto überfallen. Es hält neben dem Auto und die Waffe zeigt auf den Autofahrer. Besonders wirksam ist es natürlich, wenn das Autofenster offen ist. Wenn der Autofahrer trotzdem einfach Gas gibt, muss der Räuber sich natürlich entscheiden, ob er wirklich schießt, denn dann müsste er sofort abhauen, anstatt einfach auf ein anderes Auto mit einem willigeren Fahrer zu warten. Aber viele schießen tatsächlich, schon aus verletztem Ehrgefühl heraus, wenn das Opfer ihre Macht nicht respektiert. Daher haben die meisten Angst und geben dem Räuber die Autoschlüssel und steigen aus. Manchmal erlaubt der Räuber dem Opfer, wenigstens seine Dokumente mitzunehmen. Oft sterben die Räuber, da manche Autofahrer wie zum Beispiel Polizisten in Zivil bewaffnet sind und sie erschießen, aber das ist ihnen egal. Auch ihr eigenes Leben ist ihnen nicht viel Wert, besonders natürlich, wenn Drogen im Spiel sind.

Als ich einmal auf einer einsamen Straße einen abendlichen Spaziergang machte, fuhr ein Motorradfahrer an mir vorbei, sondierte mich, fuhr nach vorne, wendete und kam zurück. Er war alleine. Daher stellte ich mich unter den Hauseingang einer dortigen Tischlerei, wo ich im Schatten des Straßenlichts war und schob die Hand in die Jacke, als ob ich eine versteckte Waffe packte. Als der Räuber hielt, sprach ich ihn sogleich an, womit ich helfen könne. Das brachte ihn aus dem Konzept und er sagte, er wollte mir nur anbieten mitzufahren. Ich antwortete, dass ich gleich hier um die Ecke wohne. Da fuhr er davon, konnte es aber nicht unterlassen, noch als Demonstration seiner Stärke aus seinem Bein eine kleine Maschinenpistole zu ziehen und sie beim Fahren in der Luft zu schwenken.

Lukrativ ist auch das Überfallen von Bussen. Einer hält die Maschinenpistole und verkündigt den Überfall, seine Freundin oder Freund geht herum und sammelt alles Wertvolle ein. Viele machen so etwas friedlicher und ohne Waffen, indem sie sagen, sie würden für eine gemeinnützige Einrichtung sammeln oder für diese Anhänger oder Kugelschreiber verkaufen und gehen dann im Bus rund. Andere halten keine Waffe in der Hand, sondern eine Gitarre und singen ein Lied, während die Freundin mit dem Hut o.ä. rumgeht. Diese Dinge sind ja auch aus Deutschland bekannt, wobei es am besten in U-Bahnen funktioniert, aber in Brasilien wenig U-Bahnen gibt. Das Duo steigt ein, kündigt das Lied an und der Gitarrist spielt und singt.

Dieses Geschäft ist sogar lukrativer als Überfälle, da der Räuber ja nach einem Überfall fliehen muss. Der Gitarrist steigt hingegen nach zwei bis drei Minuten in den nächsten Wagen, und wenn eine Bahn am anderen Bahngleis steht, wechselt er den Zug. So wechselt er etwa in Hamburg um die 22 Mal pro Stunde den Wagon und singt

22 Mal sein Lied. In jedem Wagon sitzen in Hamburg im Schnitt 30 Leute, von denen nur zehn etwas geben. Normalerweise verdient er pro Wagen knapp 10 Euro, oder etwa 200 Euro pro Stunde. Am Tag kommt er selbst bei nur 8 Stunden Arbeitszeit so auf 1600 Euro. Schade eigentlich, dass nicht alle Räuber Gitarre spielen können, denn die meisten Bürger dürften es vorziehen, gezwungen zu werden, die Musik zu hören als eine Knarre an den Kopf gehalten zu bekommen.

Das klassische Geschäft ist aber, in den Bussen Süßigkeiten zu verkaufen. Es bringt nicht viel ein, und viele kaufen aus Mitleid irgendetwas Billiges. Aber es gibt unendlich viele Busse, und die Busfahrer lassen die fliegenden Händler umsonst einsteigen. Der Busse gibt es so viele, da es in Brasilien kaum U-Bahnen und noch viel weniger Züge oder Straßenbahnen gibt. Autos gibt es dank des Aufschwungs zwischen 1994 und 2012 schon recht viele, aber vom Fahrrad wird wenig Gebrauch gemacht.

Das Problem mit dem Fahrrad ist, dass man beim Fahren sehr schwitzt. Als ich eine Zeit lang einmal in der Woche in einer Kirche unterrichtete, die drei Kilometer von meinem Haus entfernt lag, fuhr ich immer mit dem Fahrrad. Es dauerte um die zehn Minuten, aber ich musste mich dann in der Kirche stets duschen, was dort auch problemlos möglich war, aber in den meisten Fällen geht das eben nicht. Schon für Schüler und Lehrer, die zur Schule fahren, wäre es kompliziert. Ich hätte auch zu Fuß gehen können, dann hätte ich sogar eine Abkürzung gehen können und hätte nur 20 bis 25 Minuten gebraucht.

Manche der Einheimischen benutzen ein Auto, aber die Meisten in der eher einfachen Gegend sind auf den Bus angewiesen. Man muss die Linie bei Leuten erfragen, die sich dort auskennen und länger auf ihn warten, so dass es eine Stunde dauert und außerdem natürlich mehr kostet als das Fahrrad. Von den etwa hundert Leuten, die ich kenne und gelegentlich denselben Weg haben, gehen etwa

15% zu Fuß und nur ich und ein älterer Herr fahren mit dem Fahrrad. Das zeigt auch die andere Mentalität. Als traditioneller Nordeuropäer würde ich selbst eher zu Fuß gehen, wenn der Bus nur 15
Minuten bräuchte. Denn der Fußweg wäre nur 5 bis 10 Minuten länger, aber ich würde 2 Real sparen. Das wäre in Brasilien ein Stun-
denlohn von 12 bis 24 Real, also recht viel, und ich erzielte ihn wörtlich im Spazierengehen. Abgesehen davon ist Spazierengehen gesund.

In den Bussen muss man zudem meistens stehen. Es gibt auch
keine genauen Fahrpläne, und die Bushaltestellen sind oft nicht ge-
kennzeichnet und man muss die Einheimischen fragen, ob und wo
ein Bus abfährt. Wann, das wissen diese auch nicht, da die Zeit nicht
so genau genommen wird. Man geht eben hin und wartet auf einen
Bus.

Da es sehr viele Busse gibt, die allerdings trotzdem nicht ausrei-
chen, so dass man viel im Stehen fahren muss, kommt meistens recht
bald ein Bus. Aber ist es der Richtige? Jeder Bus hat eine Nummer,
und manchmal steht auch der Endbahnhof drauf. Beides sagt dem
Ortsfremden natürlich nichts. Er muss aber die Hand wie ein Anhal-
ter ausstrecken, sonst fährt der Bus durch. Wehe, wer schlechte Augen hat und die Nummer zu spät entziffert, denn die Busse fahren
ziemlich schnell. Auch hier hilft nur, die Einheimischen zu fragen.

Allerdings, wenn jemand sich in Favelas und andere unsichere
Gegenden wagt, sollte man nicht fragen, denn dann merkt der Einheimische, dass es sich um einen Ausländer handelt. Die meisten
Brasilianer sind sehr freundlich, helfen gerne, selbst wenn sie den
Bus nicht wissen und falsche Auskünfte geben, und sie sind kontakt-
freudig. Sie würden also ein freundliches Gespräch beginnen, und
ich würde erzählen, weshalb ich in Brasilien bin usw. Was aber,
wenn der freundliche Brasilianer einen Cousin hat, der als Räuber
oder Blitzgeiselnehmer arbeitet? Er könnte dem eine SMS schicken
und einen Tipp für ein vermutlich leichtes und reiches Opfer geben.

Blitzgeiselnehmer nehmen die Person für ein, zwei Tage gefangen und erpressen von den Angehörigen erträgliche Summen zwischen 2000 und 10000 Euro. Oftmals rufen sie auch an, obwohl sie die anvisierte Person nicht gefasst haben, und tun aber so, als ob es Ihnen gelungen sei. Wenn sie sich vorbereitet haben, wissen sie einiges über ihr Opfer und der Verwandte denkt, dass dieses sich tatsächlich in der Hand der Geiselnehmer befindet. Manchmal imitiert jemand dessen Stimme oder hat ein paar passende Worte auf Youtube gefunden. Für viele Brasilianer tut eine solche Summe richtig weh, aber immer wieder zahlen sie.

Im Sommer treten solche Überfallduos auch am Strand auf. In Vitoria bedurfte es jedoch eines Abkommens unter den Gangs. Da die Strände im Sommer voll waren, hätte ein Duo alleine nicht ausgereicht, und so teilten sich die Gangs der Favelas die Strände genau auf, damit Schießereien unter ihnen vermieden würden, und überfielen die Strände mit mehreren Leuten zugleich. Einige sichern die Maschinenpistolen und andere sammeln alles ein.

Das klingt jetzt alles ungeheuer dramatisch, aber ein brasilianischer Tourist, der Bildzeitung in Deutschland läse, hätte auch keinen sehr friedlichen Eindruck. Es gibt diese Überfälle alle, aber natürlich nicht ständig. Ich bin jede Woche ein bis zweimal am Strand gewesen, meist für mehrere Stunden, wo ich lese, bade und, wenn möglich, Ball spiele. Ich bin aber lediglich zweimal von einem Einzeltäter überfallen worden.

Als ich nach Espirito Santo kam, war ich noch alleinstehend und fuhr stets mit dem Fahrrad zum Strand. Der erste Strand, den man vor sich sieht, ist einsam und liegt zwischen dem Stadtrand und einer kleineren Ortschaft. Ein befahrbarer Sandweg führt parallel zum Strand, aber am Ende gibt es eine Brücke über einen Fluss, die in den Ort führt, aber diese ist für Autos nicht passierbar. Vor der Brücke liegt allerding noch ein Strand, den manche besuchen. Daher fahren nicht nur Radfahrer auf dem Sandweg, sondern auch gelegentlich Autos. In Richtung der Hauptstadt schließt sich ein Bereich des

Strandes an, wo der Sandweg in eine asphaltierte Straße übergeht und in einiger Strandentfernung liegen eine Favela und ein einfaches Viertel, und die Leute der Favela haben in der Mitte einen guten Zugang zum Strand, was aber nicht viele nutzen. In den übrigen Bereichen des Strandes sieht man einzelne Herren oder auch junge Männer, die in der Sonne stehen und aufs Meer blicken. Auch einige Damen waren darunter, die somit ihre nackten Pobacken zur Straße hin zeigten. Da weiter zur Stadt hin ohnehin einige Prostituierte am Strand oder auf der Straße stehen oder sitzen, hielt ich diese Damen auch für Prostituierte. Nach diesem Bereich, dort wo die ersten Häuser beginnen, wobei es sich um direkt am Strand liegende neue und teurere Hochhäuser handelt, beginnt der städtische Strand, der von den Bewohnern genutzt wird und auch Kioske und Volleyballfelder hat.

Ich selbst fühlte mich von dem einsamen Strand angezogen. Er lag nicht nur am dichtesten für mich, sondern ich bin auch gerne am Strand alleine. So kann ich nachdenken und machen, was ich will. Man fällt zum Beispiel in Brasilien gleich auf, wenn man am Strand liest. An einem einsamen Strand kann man Schwimmen gehen, ohne dass einem einer das Zeug wegnimmt. Außerdem möchte ich nichts am Kiosk kaufen, denn ich will mich gesund und billig mit mitgebrachten Brötchen und Obst ernähren und Wasser trinken. Das ist aber in Brasilien verpönt. Ich kaufe aber ungerne am Strand, weil die hygienischen Verhältnisse in den Strandkiosken nicht gut sind, und Bakterien sich in der Hitze unwahrscheinlich schnell vermehren. Daher blieb ich gerne an dem einsamen Strand. Dazu kommt noch, dass die Brandung dort höher ist, was mir persönlich gefällt, da vor dem städtischen Strand Inseln und Sandbänke liegen.

Als ich einer Dame aus der Kirche einmal erzählte, wo ich immer sitze, lachte sie sehr und meinte, ob ich denn noch nicht von irgendwelchen Herren angesprochen worden sei. Ich sagte, dass der Strand ganz einsam sei, und auf Nachfrage meinte sie: „Ach, dann ist das wohl noch jenseits des ´Praia do Cu´".

Praia do Cu heißt auf Deutsch Arschlochstrand, erinnert aber im Namen an den Strand des kleineren Ortes Praia de Jucú. Eine Dame in Brasilien hat keine europäischen Hemmungen, ein solches Wort auszusprechen, sie machen gerne und ganz offen solche Witze, wie schon vor 200 Jahren Reisende überrascht notierten.

Also wurde ich aufgeklärt, dass die einzelnen Herren am Strand in meiner Nähe Prostituierte waren, und die scheinbaren Damen in diesem Bereich Transvestiten. Und einige waren Kunden, die auf Angebot warteten. Es gibt auch männliche Prostituierte, die unwahrscheinlich hässlich aussehen. Manchmal haben sie einen BH und einen Busen, aber einen ungepflegten Bart, zottelige Haare, Haare überall am Körper, sogar aus den Ohren wuchernd. Wie diese Leute Geld verdienen, ist mir ein Rätsel.

Auch die weiblichen Prostituierten sind nicht besonders hübsch, es gibt sogar Behinderte, die sich anbieten. Einer meiner Bekannten pflegte in solchen Fällen zu sagen: „Die ist leider zu hässlich, um einen Mann zum Heiraten zu bekommen. Um nicht auf dem Trockenen zu bleiben, bietet sie sich deshalb als Prostituierte an."

Nachdem das sich also glücklich aufgeklärt hatte, blieb ich weiter meinem einsamen Strand treu. Eines Tages fuhr ein großer, kräftiger junger Mann mit einem Fahrrad von dem kleinen Ort her in Richtung Stadt, und er sah einen einsamen Gast am Strand. Er fuhr auf den Strandzugangsweg, was andere, vorüberkommende Touristen auch manchmal machen, um den Strand zu sehen, und schließlich kam er zu mir geschlendert. Ich las gerade die Bibel in der traditionellen Übersetzung. Ich hatte bereits bei meiner Ankunft in Brasilien die Bibel im leichteren heutigen Portugiesisch gelesen. Besonders die Geschichten über Weihnachten usw., die man gut kennt, lesen sich sehr leicht und sind wunderbar, um eine Sprache zu lernen. Es könnte genauso gut ein anderes Buch sein, das man gut kennt. So lernte oder vertiefte ich italienisch und polnisch mit dem Buch „Wem die Stunde schlägt" von Hemmingway. Es gibt auch zweisprachig geschriebene Bücher. Aber in Brasilien ist es nicht so einfach, gute Bücher zu kaufen. Die Bibeln werden hingegen in den Kirchen verkauft. Außerdem hatten die fröhlichen brasilianischen Kirchen mir sehr gefallen und ich wollte mein Wissen vertiefen, zumal die Brasilianer die Bibel meistens gut kennen.

Der Mann begann ein Gespräch und fragte, warum ich so alleine am Strand sei und ob ich keine Angst vor Überfällen hätte. Ich sagte, dass ich gerne am Strand allein sei und auch ansonsten nichts dabei habe, was geklaut werden könne. Insbesondere kein Geld. Er fragte, was ich gerade lese, und ich hielt die Bibel hoch. Er wollte, dass ich ihm erkläre, was ich gerade las, aber ich hatte den Eindruck, dass er gar kein wirkliches Interesse hatte und wollte ihm nicht die komplizierte Theologie des Apostels Paulus auseinandersetzen, die ich gerade im Brief an die Philipper las. So zog er davon. Aber einige Minuten später tauchte er wieder auf und hielt seine Hand unter dem Hemd, wo er eine Waffe hatte oder eine mit einem Stock oder dem ausgestreckten Finger imitierte. Er erklärte, dass das ein Überfall sei, ich aber ruhig bleiben solle, denn es würde mir nichts geschehen. Er wolle lediglich Geld.

Ich sagte, dass ich ihm doch bereits erklärt hätte, dass ich kein Geld habe. Er sagte, dass er dann eben das Fahrrad mitnehme. Ich antwortete nichts, und nach einer Weile blickte ich wieder in die Bibel, um weiter zu lesen. Ich kann sehr ruhig bleiben, aber es gelang mir dennoch nicht, den Text aufzunehmen, aber es sah jedenfalls so aus. „Was ist denn nun?!" fragte der Räuber. Ich sagte: „Wieso?"

Er sagte: „Ich sagte, dass ich dann das Fahrrad mitnehme."

Ich entgegnete: „Ja, das habe ich vernommen. Da kann ich leider nichts gegen machen."

„Ja, aber das Fahrrad ist abgeschlossen. Willst du dich nicht erheben und es aufschließen?"

Ich dachte kurz nach und antwortete dann: „Also, da haben wir ein Problem. Das Einzige was ich für dich tun kann, ist beiseite zu blicken, wenn du das Fahrrad mitnimmst. Ich bin Christ, und wenn ich das Fahrrad aufschließe, helfe ich dir ja bei einem Diebstahl, und das ist Sünde. Das darf ich nicht machen."

„Dann erschieße ich dich."

„Ja, dann muss ich Dir wohl doch zeigen, was ich hier gerade lese. Hier steht, dass das Leben zwar schon eine Erfüllung ist, aber der eigentliche Gewinn und Luxus ist der Tod. Wenn du mich erschießt, habe ich nichts zu befürchten."

„Na gut, aber dann gib mir wenigstens etwas Geld. Du kannst mir nicht erzählen, dass du wirklich gar nichts dabei hast. Es kann immer einen Notfall geben."

„Also gut, ich habe sechs Real (zwei Euro) dabei, die Scheine liegen hier in meiner Bibel." Damit griff ich sie und hielt sie ihm hin. Da rief er: „Oh, du hast ja auch einen Ehering. Den will ich auch."

Er griff nach meiner Hand, aber ich krümmte den Finger zusammen und entriss sie ihm mitsamt dem Ring, nur die Scheine zurücklassend. Der Ring war von meiner früheren Ehe, aber er war mir immer noch als Andenken wichtig. Ich sagte: „Der Ring symbolisiert die Ehe, und die Ehe ist von Gott. Daher kann ich dir den Ring auch nicht geben."

Der Räuber protestierte: „So geht es aber nicht. Das Fahrrad wolltest du mir schon nicht geben, und jetzt auch nicht den Ring, du willst wohl alles behalten. Etwas musst du mir geben."

„Ich habe dir doch schon gesagt, dass das für mich Sünde wäre. Ich würde doch nicht eine Sünde begehen und das ewige Leben riskieren wegen eines Fahrrades. Die einzige Ausnahme wäre, wenn Gott selbst eine Ausnahme gestattete. Wenn du willst, kann ich gleich einmal zu Gott beten. Vielleicht hast du ja Glück und Gott manifestiert sich irgendwie und sofort und sagt, dass ich diesem bedürftigen jungen Mann das Fahrrad geben dürfe."

„Nein, das will ich auf keinen Fall, dass du jetzt betest."

„Gut, aber dann kann ich dir das Fahrrad nicht geben."

„Dann erschieße ich dich eben."

„Das hatten wir doch schon. Wenn du mich erschießt, komme ich in den Himmel, und du musst das Fahrrad auf dem Rücken transportieren, denn das Zahlenschloss wäre ja immer noch zu. Ich würde im Himmel sitzen und dir zusehen und über dich lachen, denn bis zur Stadt sind es zwei Kilometer. Und ein Schuss ist weit zu hören, und auf den beiden Kilometern bist du ein leichter Fang für die Polizei. Und ich bin Ausländer, der Fall käme also in die Presse und du fängst viele Jahre."

„Also dann gib mir den Ring."

„Also erst wolltest du das Fahrrad, dann Geld, dann hast du es bekommen, aber wolltest den Ring, dann wieder das Fahrrad, nun wieder den Ring, also ich merke du bist völlig durcheinander. Es ist das Beste, wenn ich doch für dich bete."

Ich schloss die Augen und betete so direkt und natürlich für den jungen Mann, wie ich es bereits von meinen brasilianischen Freunden gelernt hatte. Der Mann bedrohte mich, schimpfte und zeterte, aber plötzlich wurde er ruhig und sagte: „Warte mal kurz, halt mal ein, du kannst aufhören. Ich bin nämlich gar kein Strandräuber. Ich wollte nur einen Spaß machen. Ich gebe dir sogar das Geld zurück."

„Nein danke, behalte es ruhig, ich brauche es nicht. Wenn es dir hilft, nimm es ruhig mit. Geh mit Gott."

Und er verschwand. Aber wahrscheinlich war er drogensüchtig und die sechs Real haben ihm nicht wirklich geholfen, und er wartete irgendwo noch auf ein anderes Opfer. Ich war doch etwas angespannt und konnte nicht mehr lesen. Daher nahm ich noch ein Bad und fuhr wenig später nach Hause.

Als ich den Trampelpfad entlangfuhr, der direkt zur Hauptstraße führt, sprang derselbe Räuber hinter einem Busch hervor und verkündete einen Überfall. Ich sagte: „Aber hallo, du hast mich doch schon überfallen, und wir waren uns doch wohl einig geworden."

„Ja, aber jetzt ist es anders, das Fahrrad ist nicht abgeschlossen."

„Ich benutze und brauche es aber auch für eine Arbeit in der Kirche, und daher müsste ich in jedem Falle erst Gott fragen."

„Ich nehme es mir einfach." Damit begann er am Gepäckträger zu zerren, aber ich hielt den Lenker und betätigte die beiden Handbremsen, so dass er nichts erreichte. So verlegte er sich erneut aufs Verhandeln und packte sogar einen großen Stein als Waffe. Er stand am Wegesrand und ich auf dem etwas tieferen Weg, so war er noch größer, und ohnehin zwanzig Jahre jünger. Und als ich mich weigerte, sagte er: „Dann nehme ich mir eben deine Brille", und langte zu meinem Kopf hin. Da legte ich die Hand an als ob ich ihm einen Karateschlag gegen den Hals versetzen wollte. Da er den Arm ausgestreckt hielt war der Hals frei, und er machte erschrocken einen riesigen Sprung rückwärts. Da nutzte ich die Chance zu entkommen.

Einige Wochen später erschien er erneut am Strand und grüßte freundlich und fragte, ob ich nicht wieder ein wenig Kleingeld habe. Ich sagte ihm, dass ich an dem Tag gelernt hätte, dass es besser sei, nichts mitzunehmen und zeigte ihm die leere Lektüre. An dem Tag war ich schon fertig mit der Bibel und hatte eine Zeitschrift dabei. Wenn möglich, bevorzuge ich Zeitschriften am Strand, da ein Diebstahl leichter zu verschmerzen wäre. Er fragte auch nach dem Fahrrad, aber ich sagte, dass ich ihm das doch schon alles erklärt habe. Daraufhin ging er davon. Auf der Zufahrt zum Strand traf er sich mit zwei Jugendlichen mit Fahrrädern und besprach sich mit denen. Daraufhin fuhr er mit seinem Fahrrad davon und die Jugendlichen behielten mich im Auge. Da sie auf dem Weg schneller wären als ich im Sand des Strandes, konnte ich nicht fliehen. Ich verstand nicht, warum sie mich nicht zu Dritt angegriffen hatten, aber ich nahm an, dass der Räuber so feige war, dass er noch jemanden oder eine Waffe dazu holen wollte. Ich stellte mir schon vor, wie sie mich zusammenschlügen und alles wegnähmen und überlegte, ins Meer zu gehen und die zwei Kilometer bis zur Stadt zu schwimmen. Dann verlöre ich wenigstens nur meine Habe.

Aber einer der Jugendlichen begann bereits in etwa 15 Metern Entfernung um mich herumzuschleichen und mich genau zu betrachten. Damit schnitt er mir auch den Weg zum Meer ab. Ich tat so, als wenn ich ihn nicht bemerkte und versenkte mich in meine Zeitschrift. Plötzlich fragte der Jugendliche: „Was lesen Sie da eigentlich?"

Verwundert über die Frage antwortete ich: „Eine Zeitschrift meiner Kirche."

„Ja eben, das habe ich auch so gesehen. Aber sind sie nicht Jude?"

„Nein. Wieso kommen Sie darauf?"

„Kennen Sie den Mann, der eben mit uns gesprochen hat?"

„Nur flüchtig. Er arbeitet in diesem Bereich als Strandräuber. Aber wieso? Sie kennen ihn doch, oder?"

„Nein, er hat uns nur eben angesprochen und gesagt: Da vorne sitzt ein Jude der wartet auf minderjährige Jungs die sich prostituieren."

So klärte sich schnell alles auf und wir alle fuhren davon. Das war die Rache des erfolglosen Strandräubers, die noch dazu einen interessanten Rassismus erkennen lässt.

Den Räuber habe ich nur noch einmal in der Stadt auf dem Fahrradweg getroffen. Aber ein halbes Jahr später kam ein richtig kräftiger Mann, offensichtlich ebenfalls Räuber, vorbei und begann sich erst genau mein Fahrrad anzusehen. Aber da es keine Gangschaltung hat und durch die Seeluft schon ganz schön verrostet war, verlor er das Interesse und bat stattdessen um Geld. Ich erzählte ihm ganz offen, dass ich kein Geld habe. Es war sogar glaubwürdig, da das Fahrrad so ärmlich wirkte. Aber er wunderte sich doch und sagte: „Aber wie kaufst du Essen?" Ich erklärte, dass ich immer nur zwei Real mitnähme und dafür Brötchen und Bananen kaufe. Er fragte, ob er welche bekommen könne und ich erklärte ihm, dass ich bereits alles aufgegessen hatte.

Ich kannte jedoch ein Restaurant in der Nähe, weil die mir einmal eine Fahrradpumpe geliehen hatten. So behauptete ich, dass man dort oft die Reste nach dem Mittag umsonst bekäme. Er fragte, ob ich das bereits öfters gemacht hätte und ich sagte: „Manchmal."

Er fragte, ob ich ihm das Restaurant zeigen könne und ob es weit sei. Ich sagte: „Gerne, es ist ganz in der Nähe, nur etwa vierzig Minuten zu Fuß." Da dankte er und verschwand.

Danach hatte ich genug von dem einsamen Strand und fuhr hinfort immer bis zu den ersten Hochhäusern. Genau dort endete der Bereich, den die weiblichen Prostituierten nutzten, und da musste ich immer durch. Sie gehen auch manchmal weiter in die Stadt hinein um sich an den Kiosken anzubieten. Mädchen aus der Favela gehen auch manchmal die Kioske ab und betteln um Kleingeld oder ein Bier oder eine Cola. Sie wollen sich nicht prostituieren, sondern setzen sich nur in ihren Bikinis auf die Schöße der Männer, oder küssen auch. Mir war das alles zuwider und ich blieb genau an der Stadtgrenze, wo es noch keine Kioske gab, sie fingen erst 300 Meter weiter an, und heute stehen die ersten nicht mehr, so dass die Entfernung noch größer ist. Heute steht dort sogar ein Holztürmchen mit zwei Rettungsschwimmern.

Damals sahen die Prostituierten mich immer so alleine am Strand sitzen. Ich arbeitete auch am Wochenende und fuhr daher werktags nachmittags zum Strand, wenn meine Freunde arbeiteten. Einige Frauen kamen zu mir um sich anzubieten oder nur aus reiner Neugier, um ein wenig zu plauschen. Einige gingen auch mal ins Wasser um sich zu säubern und mussten dann dicht an mir vorbei. Sie sahen mich auch an der Straße immer mit dem Fahrrad vorbeikommen.

Ich ließ mich gerne auf Gespräche ein, um zu versuchen, vielleicht die eine oder andere von der Straße herunterzuholen, und so lernte ich einige kennen. Eigentlich war das hübscheste Mädchen laut Aussage aller anderen Nena gewesen. Ihre Mutter lebte in einem Stadtviertel weiter landeinwärts, aber Nena war schon mit 13 auf die Straße gegangen. Zur Zeit wohnte sie zusammen mit zwei jungen Männern in einem großen Rohr aus Beton. Sie zog immer einen Koffer mit Rädern mit sich, sogar am Strand.

Die Mädchen machen ihr Programm in kleinen Sandkuhlen zwischen dem Strandhafer und Kraut, der in einem Grünstreifen zwischen Strand und Straße wächst, oder in Hohlräumen in Büschen, in denen es unglaublich schmutzig ist, schon wegen der vielen dort liegen gelassenen Kondome und den Menschen, die dort kleine und vor allem große Notdurft verrichten. Nach Einbruch der Dunkelheit um 19 Uhr paaren sie sich auch einfach am Strand. Natürlich bezahlen einige Gäste auch ein Motel, wobei einige Motels dann aber keine minderjährigen Prostituierten einlassen, und etliche lassen es sich im Auto machen. Die Mädchen warten meistens nur wenig, es kommt auch sogar vor, dass schon Kunden warten, wenn ein Mädchen von einem Einsatz zurückkehrt.

Als Nena 18 war, nahm ein Kunde sie mit zu einem leeren Grundstück, das eine Mauer besaß, und fesselte sie. Nach dem Programm befreite er sie nicht, sondern übergoss sie mit Benzin und zündete sie an. Von dem nächsten Hochhaus kann man das Grundstück gut einsehen, aber niemand will etwas gemerkt haben. Sie konnte sich nach drei Tagen selbst befreien und wankte nackt und blutend am Strand, wo ein Fischer, der dort viel am Morgen vom Strand aus seine beiden Angeln in die Brandung hinausschleudert, sich ihrer annahm. Obwohl sie in einem Krankenhaus behandelt wurde, ist ihre Schönheit dahin, denn die Haut hat sich nicht überall geschlossen, sondern es klaffen rosarote Münder auf der Haut, als wenn das schiere Fleisch zu sehen sei.

Sie ist aber weiterhin zufrieden mit ihrem Leben, wie sie sagt. Sie brauche nicht viel zum Leben, ab und zu schenke ihr jemand ein neues Kleid, Shorts oder Hemd, und manchmal dürfe sie mithelfen, wo Freunde an den Straßen die parkenden Autos „bewachen", wofür sie den Autofahrern nachher einen Obolus abverlangen. Sie bieten auch an, das Auto gegen Aufpreis zu waschen. Und ab und zu fände sie trotz allem noch einen Kunden als Prostituierte.

Sie fühle sich im Großen und Ganzen wohl auf der Straße. „Klar, wenn jemand mir ein Haus schenkte mit Fernseher und allem, würde ich nicht nein sagen, aber ich möchte nicht dafür meine Freiheit aufgeben."

Eine andere Obdachlose, die ich kennen lernte, war Dona Rosa, und sie erschien eines Tages am größten Supermarkt in der Innenstadt und setzte sich unter das Vordach am Hinterausgang und beschloss dort zu leben. Sie war über sechzig Jahre alt, sah aber aus wie achtzig, was heißt, dass sie sich gut gehalten hatte dafür, dass sie das ganze Leben auf der Straße verbracht hatte. Manche Leute sehen mit vierzig schon aus wie mit achtzig.

Der für Sozialarbeit hauptverantwortliche Pastor unserer lutherischen Gemeinde kannte sie ebenfalls bald gut, und wenn der Sozialdienst aus freiwilligen Helfern die Obdachlosen besuchte, bat sie immer um ein Gebet und ein Lied, das sie dann mitsang. Mit der Zeit war sie nicht mehr allein, sondern einige jüngere und gar jugendliche Obdachlose schlossen sich ihr an, und so bildete sie eine Art Familie. Der Ort war regensicher und in der Tiefgarage des Supermarktes gab es eine Kundentoilette, die frei zugänglich war, und kostenlos gekühltes Trinkwasser. Auf der anderen Straßenseite lag die heruntergekommenste Bar des Stadtteils, in der die Obdachlosen nicht so auffielen, wenn sie nach Schnaps bettelten oder Geld hatten, um welchen zu kaufen. Mit der Zeit gab es auch zwei junge Mädchen in der Gruppe, und diese hatten meistens mehr Erfolg mit der Schnapsbettelei, da sie nicht schlecht aussahen, nur eben völlig heruntergekommen waren. Nachts lagen sie mit irgendeinem der Männer engumschlungen unter einer gespendeten Decke, als Matratze musste eine Pappe genügen. Selbst Dona Rosa hatte einen Partner, der sogar deutlich jünger als sie war. Die Füße ragten meistens auf die Fahrbahn und es ist ein Wunder, dass niemals ein Auto rübergefahren ist.

Einige der Obdachlosen gammelten nicht einfach vor sich hin oder bettelten, sondern es gab auch Müllsammler unter ihnen. Das ist ein harter Job. Sie ziehen einen großen Wagen, der natürlich die Autos bei dem langsamen Tempo etwas nervt, und sammeln alles Brauchbare ein: Metalle, Papier, Pappe, und das was sie so finden an Dingen, die vielleicht sogar noch verkauft werden können. Sie haben eine wichtige Funktion, da der Müll ja durch sie sortiert und wiederverwendet wird. Mit dem Verfall der Metallpreise und dem Anstieg der Löhne wurde dieser Job zwischen 2000 und 2014 immer unattraktiver, aber es gab noch etliche Müllsammler und auch Frauen unter ihnen. Diese hatten sogar ein Telefon und einen Fernseher mitgebracht, die dann auf dem Bürgersteig standen und den Eindruck verstärkten, es handele sich um eine Wohnung. Natürlich funktionierten sie nicht, da es keine Steckdosen gab.

Irgendwann waren es 20 Leute, und sie hatten sogar einige kaputte Möbel auf den Bürgersteig gestellt. Der Bürgersteig wurde für Passanten unbenutzbar und der Supermarkt sah sich gezwungen, die Kundentoilette wegen stetiger starker Verschmutzung zu schließen. Dadurch waren die Leute aber gezwungen, mangels Grünland klein und groß auf die Straße zu machen, normalerweise nachts, wenn niemand zuguckte. Auch ansonsten war es wie ein Big Brother für die vorüberkommenden Passanten oder die Anwohner, denn alle Streitigkeiten wurden lautstark ausgetragen, die Pärchen kopulierten notdürftig durch eine Decke verhüllt und mit der Zeit gab es sogar ein Schachspiel und einen Fußball, mit dem mitten auf der Dreierkreuzung gespielt wurde, die Autos wurden oft behindert.

Da wurde es der Leitung des Supermarktes zu viel. Eines Nachts fuhr ein Laster vor, und fünf schwer bewaffnete Männer zwangen alle Obdachlosen, in den Laderaum einzusteigen. Noch bis in die Achtziger Jahre hätte man mit ihnen vielleicht kurzen Prozess gemacht, aber seitdem die internationale Presse über solche Morde berichtet hat, werden diese strafrechtlich verfolgt. Sie fuhren daher bis zum Morgen, und dann wurden alle in einer unbekannten Gegend rausgelassen und der Laster fuhr davon. Es dauerte drei Wochen, und dann war Dona Rosa wieder da, und mit der Zeit kamen auch andere zurück oder es fanden sich neue Familienmitglieder. Einige Wochen später fuhr wieder ein Laster vor, und alles wiederholte sich, aber Dona Rosa kehrte erneut zurück, und der Supermarkt kapitulierte schließlich.

Als ich Jahre zuvor in Belo Horizonte mit katholischen Helfern Obdachlose besuchte und versorgte, sagten die am ersten Tag nach einigen Stunden, dass ich jetzt ganz etwas Besonderes sehen würde. Sie nahmen mich mit zu einem fast sarggroßen Pappkarton, der neben einem Bankgebäude stand. Es war etwa 10 Uhr abends, und die Jugendlichen klopften gegen den Karton, und ich hörte Geräusche, dann nach einer Weile öffnete sich oben eine Luke und es erschien ein Kopf über dem Karton wie der Turm eines U-Bootes. Ein alter Mann mit weißen Haaren schaute umher. Es war Hans, ein siebzigjähriger Deutscher. Er lebte auf der Straße, und so spät abends akzeptierte er keine Nahrung mehr, trank aber gerne den Kakao, den eine Frau in einem großen Kübel angerührt und der Gruppe gespendet hatte.

Er unterhielt sich natürlich gerne auf Deutsch mit mir. Sein Weltbild ist recht abenteuerlich, er hält sich für einen Linken, findet aber Hitler gut. Ich sprach auch mit dem deutschen Konsul und dessen Sekretärin über Hans, und diese sagten mir, dass sie bereits versucht hatten, Rente für ihn zu beantragen, denn er hatte bis etwa zum Alter von 35 durchaus gearbeitet. Das würde nur zu einer kleinen Rente reichen, die aber damals noch über dem brasilianischen Mindestlohn gelegen hätte, und mit so einer Mindestrente bringt mancher alte Mensch eine ganze Familie durch, wie wir noch sehen werden. Aber der Konsul sagte, dass Hans nicht kooperiere und die Anträge nicht unterschreibe. Als ich darüber mit Hans sprach, sagte dieser: „Natürlich unterschreibe ich nicht. Wenn der Konsul so dahinter her ist, dass ich meine Rente beantrage, liegt das bestimmt daran, dass er sich daran bereichern will. Er sagt dann vielleicht, dass meine Rente in Höhe von 250 Euro bewilligt wurde, aber in Wahrheit waren es vielleicht 300 und er unterschlägt mir den Rest."

Ich sagte, dass ich mir das beim besten Willen nicht vorstellen könne. Im Übrigen könne es Hans ja auch egal sein. In jedem Falle wären 250 Euro besser als gar nichts. Hans aber lachte, schüttelte den Kopf und meinte, ich sei eben völlig weltfremd.

In der Nähe des Strandes in Vitoria, Espirito Santo, befand sich ein Grundstück von 2500 Quadratmetern. Es war von einer sehr hohen Mauer umgeben, die jedoch ein Loch als Durchschlupf hatte. Die Gebäude waren umgerissen worden, aber boten noch einen gewissen Schutz, allerding kein Dach. Das Einzige, was bei Regen einen Unterstand böte, war ein Turm, auf dem sich ein Wassertank befand, so wie er auf brasilianischen Gebäuden üblich ist, damit kurze Unterbrechungen in der Wasserversorgung nicht ständig die Wasserhähne versiegen lassen. Die Wasserversorgung war seltsamerweise noch intakt, und unten befand sich ein Wasserhahn. Auf dem Grundstück zwischen den Ruinen campten so etwa zwölf obdachlose junge Leute zwischen 14 und 22 Jahren, in der Mehrzahl männliche. Tagsüber versuchten sie zu Geld zu kommen oder Produkte zu erbetteln. Die Arbeit kann von auf Autos aufpassen und sich prostituieren bis hin zu klauen gehen. Auch das Polieren von Autoscheiben an Kreuzungen ist in Brasilien üblich, bei dem sich Jungen mit meist furchtbar schmutzigen Tüchern den vor Ampeln haltenden Fahrern nähern und die Scheibe polieren und oft verschmieren, wenn der Fahrer nicht geistesgegenwärtig und energisch ablehnt. Einige wenige können auch jonglieren und verdienen damit an den Kreuzungen Geld von den Autofahrern.

Die Leute haben auch ein paar alte Töpfe auf dem Grundstück und kochen abends auf einem Feuer Reis oder Kartoffeln und andere Lebensmittel, die sie so ergattern können. Da es immer warm ist, leben sie nicht so schlecht wie Obdachlose in Europa, fast eher ein bisschen wie Hippies. Das Problem sind die Drogen, die sie kaputt machen.

Die häufigste Droge ist Verdünner, der geschnüffelt wird. Er ist auch in Klebern enthalten, und die Leute auf diesem Grundstück hatten eine eigene Produktion, von der sie auch an andere verkauften. Der Verdünner ist natürlich extrem ungesund, wie jeder Maler und Lackierer weiß. Die Süchtigen tränken einen Fetzen Stoff oder Papier mit Verdünner und schnüffeln daran. Manche tun den Fetzen in einen Plastikbeutel, damit die Dämpfe sich nicht verlieren. Wenn kirchliche oder spiritistische Initiativen die Jugendlichen besuchen, um ihnen Brot, Suppe usw. zu bringen, schaffen sie es im Gespräch kaum, mal einen Augenblick die Schnüffelei zu unterbrechen. Sie sprechen mit dem Beutel vor der Nase, was das Sprechen etwas erschwert, und so schlagen die Jugendlichen von der Kirche ihnen die Hände freundschaftlich von der Nase weg oder ziehen sie nach unten, und die Süchtigen lachen dann, schaffen ein paar Sekunden ohne Schnüffelei und danach geht die Hand wieder in Richtung Nase.

Die Mädchen leben in solchen Gruppen natürlich besonders gefährdet, zumal sie stark in der Minderheit sind. Sie können leicht zum sexuellen Freiwild werden, da die Jungen und Männer sonst keine anderen Möglichkeiten haben. Oft werden sie lesbisch, aber trotzdem bieten sie sich als Prostituierte an. Wenn sie schwanger werden, versuchen sie, Kontakt mit ihrer Mutter aufzunehmen und drängen der das Baby auf. Auf diesem großen Grundstück am Strand lebte auch ein junger Mann, der hatte eine Schwester, die geistig zurückgeblieben war. Sie war laut ihrem Bruder schon 16, war aber sehr klein, allerdings recht hübsch. Dass sie so zurückgeblieben war, merkte man erst im Gespräch. Sie machte alles was die anderen sagten und wenn ein Freier nach einem der Mädchen fragte, schickten die anderen Mädchen dieses vor und nahmen ihr hinterher das Geld ab.

Eine Frau von etwa 18 bis 19 Jahren, die in der Favela in der Nähe des Strandes bei ihrer Mutter wohnen könnte, aber auch vielfach einfach auf der Straße übernachtet, bot sich auch regelmäßig dort vor dem Strand an. Eines Tages wurde sie schwanger, es war bereits ihre zweite Schwangerschaft. Bis zum achten Monat sah ich sie öfters auf dem Strich stehen, aber dann traf ich sie erst wieder vier Monate später in einer Bäckerei, wo sie sich Brot erbettelte. Ich stand in der Schlange direkt hinter ihr und sah mit Erschrecken, dass sie nur ein Netzröckchen trug, durch das man alles sehen konnte, und jeder, der wollte, konnte sehen, dass sie auch ohne Slip war. Wahrscheinlich bildete sie sich ein, dass niemand so genau hinsehe und daher nicht bemerke, dass der Rock keinerlei Sichtschutz bot, oder sie stand so unter Drogen, dass sie nicht einmal wusste, dass sie ohne Slip war oder ihr einfach alles egal war.

Wegen der Befremdlichkeit der Situation sprach ich sie nicht an, aber als sie gehen wollte, erkannte sie mich und begrüßte mich. Ich fragte, was aus dem Baby geworden sei und sie sagte, dass es bei ihrer Mutter sei. Gleichzeitig bat sie mich darum, für es ein Paket Windeln zu kaufen. Das konnte ich ihr nicht abschlagen, und so kaufte ich es in einem Geschäft. Ich war im Grunde froh, dass sie nicht um Geld für Windeln gebeten hatte, da ich nur ungerne Geld gegeben hätte, da sie es dann ja für Drogen missbrauchen könnte. Ich war mit dem Fahrrad am Strand gewesen und wollte nach Hause, und so fragte sie mich, ob sie nicht mitfahren dürfe. Die Mädchen setzen oder hocken sich in Brasilien meisten auf die Querstange, seltener sitzen sie auf dem Gepäckträger, zumal die meisten Fahrräder gar keinen haben. Und ihre Favela liegt genau in Luftlinie auf meinem Nach-Hause-Weg, allerdings nehme ich gewöhnlich die

Hauptstraße außen herum, zumal diese eine der wenigen ist, die einen Radweg hat, aber so hatte ich natürlich keine Ausrede, um die Gefälligkeit abzulehnen.

Nicht, dass ich nicht gerne helfe, aber in diesem speziellen Falle konnte man sicherlich bei der Art, wie die junge Frau sich setzte, nicht vermeiden, dass zufällige Passanten einen Blick auf ihre nackte Vagina erhaschen könnten und einen merkwürdigen Eindruck bekämen. Aber da mich dort andererseits keiner kannte, konnte es mir auch wiederum egal sein, und so setzte ich die Frau vor dem Haus der Mutter ab.

Man fährt dazu vom Strand weg durch ein einfaches, kleines Viertel, das sich wegen seiner Strandnähe und des Wachstums der Stadtränder heute bereits sehr aufgewertet und verteuert hat, und kommt dann zu einem großen, etwa acht Meter breiten Graben, der so langsam fließt, dass man es kaum bemerkt. In ihm wabern die Abwässer von tausenden von Wohnungen. Viele Leute werfen leider noch ihren Hausmüll dazu, auch sogar ein ganzes Sofa befand sich darin, obwohl die Gegend bei Regenfällen zu Überschwemmungen neigt und ein Sofa bestimmt nicht dazu beiträgt, die Fließgeschwindigkeit zu erhöhen. Der Graben fließt noch etwa drei Kilometer parallel zum Strand und findet dann seinen Durchbruch ins Meer. Dort gibt es viele Krebse, die von der Kloake gut leben und groß und fett werden und von örtlichen Fischern gefangen und verkauft werden.

Vor dem Graben musste ich die Frau bitten, abzusteigen, da die improvisierten Brücken etwa zehn Meter lang sind, aber nur sehr schmal, meistens einen halben Meter, aber an einigen Stellen auch nur 30 cm, und ohne Geländer. Es ist daher etwas schwierig, das Fahrrad schiebend hinüberzubefördern, da kaum noch Platz bleibt, um daneben zu gehen, so dass die meisten es riskieren zu fahren. Die Brücke besteht aber aus behelfsmäßig zusammengezimmerten Bohlen, und ich würde kaum ihrer Stabilität trauen, wenn ich nicht bereits gesehen hätte, dass auch durchaus dickere Menschen hinübergelangt sind, ohne dass sie zusammenbrach. Ein Fahrfehler würde mich in die dreckige Brühe hineinschleudern und wohl auch den Verlust meines Fahrrades bedeuten.

Ich war solche Brücken gewohnt, da sich auf meinem üblichen Weg zum Strand eine ähnliche befindet, die einstmals breiter war, aber nach und nach haben Anwohner das Geländer und einige Planken abmontiert und zur Reparatur ihrer Hütte oder zum Verfeuern benutzt. So hatte ich die Möglichkeit, mich nach und nach an das Risiko zu gewöhnen, da jede Woche eine Planke mehr fehlte, bis es zu einem sportlichen Akt geworden war, hinüberzukommen.

Leider wurde die Sackgasse, in der die Mutter meiner Mitfahrerin am Ende wohnte, von einer Gruppe junger Männer blockiert und ich musste mich vorbeidrängen. Sie ließen mich auch, aber auf dem Rückweg wurde ich dann doch angesprochen.

In solchen Situationen beginne ich normalerweise zu krächzen und zeige auf meinen Kehlkopf, wie um zu sagen und anzudeuten, dass ich Kehlkopfkrebs, starke Heiserkeit oder eine andere Stimmkrankheit habe. Ich könnte flüsternd und krächzend alles beantworten, aber sie würden meinen ausländischen Akzent so nicht bemerken. Da die Männer aber vielleicht die Frau befragt hätten und die Wahrheit ans Licht gekommen wäre, musste ich wohl oder übel dieses Mal normal antworten. Ich hatte Glück, und ihnen genügte die Auskunft, dass ich der Frau Windeln gekauft hätte.

Es gibt immer einige jugendliche Mädchen, die sich solchen Gangs andienen, auch wenn diese noch so schäbig sind. Richtig attraktiv sind natürlich die mächtigen Gangs, und für viele wäre es ein Traum, die Freundin des Bosses zu sein. Denn als solche hätten sie selbst auch ein Stück Befehlsgewalt und Macht, und vor allem unter ihren Freundinnen oder an der Schule und ihrer Straße würden die Leute sie mit Respekt und sogar Furcht behandeln. Aber nur wenige kommen soweit, die anderen können sich, wenn überhaupt, mit anderen Mitgliedern einer Gang liieren. Oft werden sie jedoch von den

Jungen herumgereicht und müssen mit verschiedenen Partnern schlafen.

Trotzdem werden sie von Außenstehenden mit Respekt behandelt, da sie ja Mitglied der Bande sind, und jeder weiß, dass, wer einem Mitglied der Bande zu nahe tritt, sein Leben riskiert. Anfang 2016 geriet plötzlich ein Mädchen aus Rio namens Bia damit sogar in die internationale Presse. Sie hatte es sich gefallen lassen müssen, dass 32 Mitglieder und Freunde der Bande an einem einzigen Tag mit ihr schliefen, sei es, weil sie einfach Pias Trunkenheit ausnutzten oder weil sie Bia für ein Vergehen bestrafen wollten. Der grausame Akt ist, so schwer es auch zu verstehen ist, in solcher Umgebung ein relativ normaler Vorgang, und auch Bia hat ihn zunächst nicht weiter schwer genommen. Sie wohnte nicht einmal in der von der Bande beherrschten Favela, sondern in einem anderen, normalen, wenn auch einfachen Viertel, aber sie kehrte in den folgenden Tagen ganz normal in die Favela zurück und schloss sich weiterhin der Bande an, als sei nichts geschehen.

Wer sie kannte, kannte auch ihre Posen, in denen sie sich vorher gerne fotografieren ließ. Nun ist facebook in Bezug auf Nacktheit sehr konservativ, und nackte Pobacken mit dem aufgemalten Logo der Gang werden schnell zensiert und gelöscht, oftmals wird das ganze Profil gleich gelöscht und der Benutzer gesperrt. Früher hatte Brasilien sein eigenes Netzwerk, das Orkut hieß, und in der Beziehung etwas großzügiger war. Da sah man auch Mädchen, die stolz ein Maschinengewehr zwischen die nackten Schenkel geklemmt hatten und andere anzügliche Posen zeigten.

Außerdem gibt es in den Banden auch so manche musikalische Begabung. Natürlich lernen sie meistens kein Instrument, weil sie auch gar keines besitzen, aber einen Rap oder Funk kann man heutzutage auch schon ganz alleine mit rhythmischen Schnalzgeräuschen machen, worüber dann der Text gesprochen wird. Dazu kommt vulgäres Stöhnen eines Mädchens und andere Geräusche, ferner kann man eine Schlagzeugspur natürlich auch einfach aus dem Internet kopieren. Und so werden über die sexuellen Taten bis hin zu Gruppenvergewaltigungen der Mädchen dann auch Raps gedichtet, die im Internet verbreitet werden und in den Favelas und anderswo gespielt werden, meistens sind die darin besungenen Mädchen sogar stolz darüber, dass es eine Musik über sie und ihre „Heldentat" gibt.

Dass der Fall mit Bia anders ausging, lag an der abgrundtiefen Dummheit der Jugendlichen, die gefilmt hatten, wie sie Bia vergewaltigten, und dieses Video dann auch noch im Internet verbreiteten. Das ging natürlich nicht gut, zumal Bia nicht in der Favela wohnte und ihre Eltern bürgerliche Freunde haben. Daher trat Bia die Flucht nach vorne an und sagte, sie sei unter Drogen gesetzt und vergewaltigt worden, ganz gegen ihren Willen. Und plötzlich war sie in den Schlagzeilen, die Presse ging so weit, das Geschehnis als die schlimmste Vergewaltigung Brasiliens zu bezeichnen. Bald gab es auch einen Rap darüber mit dem Namen „32-mal geschwängert".

Es gibt sehr viele Mädchen, die in ähnlicher Situation wie die geschilderte Bia leben und sich in einen Drogendealer verlieben. Dieser ist mit seinem Gehabe in den Augen vieler Heranwachsender durch seine herausfordernde Männlichkeit attraktiv. Für Mädchen, die in den Favelas wohnen, böte er zudem einen Schutz für die Sicherheit der ganzen Familie, aber dieses Argument verliert seine Bedeutung, wenn es sich um Mädchen aus der Mittelschicht anderer Stadtviertel handelt, die die Nähe eines solchen Mannes suchen.

Die Mädchen verhalten sich oft sehr provokant, unter anderem erscheinen sie sehr häufig auf den „bailes funk" (Feste mit Funkmusik) und anderen Festen gleich im Minirock ohne Slip. Vor dem Fest warten oft schon viele Jugendliche vor dem Einlass, und manche Mädchen setzen sich im Minirock auf den Kantstein, so dass die Jungs oder vorbeifahrende Autofahrer ohne viel Mühe sehen können, dass sie keinen Slip tragen. Nach Aussagen von Jugendlichen Teilnehmern und Polizisten erscheinen ungefähr 10 bis 20% der Mädchen ohne Slip auf den Festen.

Die Mädchen machen in der Regel ziemlich bald Erfahrungen mit Gruppensex, und das ist eigentlich nie völlig freiwillig, sondern sie werden gedrängt oder unter Drogen gesetzt. Aber kein Mädchen wird sich outen und darüber die Öffentlichkeit informieren. Auch bleiben sie mit den Tätern befreundet und lassen sich keineswegs durch so eine Erfahrung davon abhalten, auch in Zukunft wieder ohne Slip auf Feste zu gehen. Auch die im Bericht beschriebene Bia hätte sich niemals geoutet, sie wurde vielmehr durch die Veröffentlichung der Videos an die Öffentlichkeit gezerrt und ihr blieb dann wegen ihres teilweise bürgerlichen Umfeldes nichts anderes übrig als den Angriff nach vorne zu wagen und die Männer oder Jugendlichen anzuklagen.

Viele solcher Mädchen verhalten sich in der Schule oder auch in der Kirche oder anderen Organisationen sehr auffällig, nehmen Waffen mit in die Schule, bedrohen die Lehrer selbst oder kündigen Vergeltung durch ihre gefürchteten Freunde an und terrorisieren schwächere Mitschüler. Einigen gelingt es sogar, von Mitschülern Schutzgeld zu erpressen oder Mitschülerinnen zur Prostitution zu zwingen und abzukassieren. Andere ziehen sich hingegen in sich selbst zurück und zeigen Symptome, wie man sie auch von anderen Vergewaltigungsopfern kennt. Viele bleiben aber ganz normal, weil sie eben auch selbst ihr Leben als normal betrachten und die Gruppenvergewaltigungen für sie lediglich eine unliebsame Nebenerscheinung oder ein Mittel zum Zweck darstellen.

Nein, die Vergewaltigung Bias ist sicherlich nicht die schlimmste in der Geschichte Brasiliens, so wie manche Zeitungen schrieben, schon weil sie keinen Einzelfall darstellt. Als schlimmste Vergewaltigungen in der Geschichte Brasilien kommen da ganz andere Fälle in Frage, Fälle in denen die Mädchen nicht bewusst in Kauf nehmen, so behandelt zu werden, sondern in denen sie von Dritten gezwungen werden. Dabei handelt es sich um Mädchen zwischen 12 und 17 Jahren, deren Väter, Stiefväter, Mütter, Brüder oder auch Cousins bei einer Drogenbande verschuldet sind und die daher verpfändet oder als Zahlungsmittel verwendet werden. Diese oftmals völlig unschuldigen oder unbedarften Mädchen werden so von einem Tag zum anderen Sklavin einer Drogenbande und dienen dazu um die Moral der "Soldaten" zu heben. Das heißt, sie müssen allen in Allem zu Willen sein.

Das bedeutet nicht nur, dass sie täglich vergewaltigt, sondern auch oft misshandelt werden, wenn es Jugendliche mit perversen Neigungen in den Gruppen gibt oder man meint, ein Mädchen für mangelnde Hingabe, Bereitschaft, Kooperation oder vorgebliche Verfehlungen wie Langsamkeit beim Saubermachen oder anderen Arbeiten bestrafen zu müssen. Auch die Freundinnen der Gang sehen auf die Sklavenmädchen herab und misshandeln diese oftmals. Diese armen geknechteten Mädchen leben in einer christlichen Umgebung, aber leiden genauso wie viele christliche, jesidische oder andere Mädchen, die in islamischen Ländern von islamistischen Gruppen gefangen werden. Und ähnlich wie in solchen Fällen fehlt auch in Brasilien den Tätern oftmals jegliches Schuldbewusstsein.

Ganz selten kommt es vor, dass solche Mädchen befreit werden, denn wenn die Polizei eine Drogenbande so vollständig besiegt, dass sie deren Hauptquartier mitsamt den dort wohnenden Personen einnimmt, werden die Mädchen verhaftet. Auch die Frauen werden als mutmaßliche Gangsterbräute mitverhaftet, denn viele haben sich mehr oder weniger aktiv beteiligt. Und die Sklavinnen sind so verschüchtert, dass sie sich nicht der Polizei öffnen und daher für Freundinnen der Gang gehalten werden, denn die Mädchen haben Angst vor der Rache der Bande, zumal nie wirklich alle Mitglieder gefasst und verhaftet werden können. Nur in ganz seltenen Ausnahmen gelingt es daher der Polizei, so einen Fall aufzudecken.

Traurige Realität ist auch, dass die breite Medienresonanz der Massenvergewaltigung von Rio dazu führte, dass Jugendliche in anderen Bundesstaaten, besonders in Piaui, ähnliche Massenvergewaltigungen inszenierten und ebenfalls das Video im Internet verbreiteten. Ein daran beteiligter junger Mann sagte ganz offen, dass es ihm egal sei, wenn er ins Gefängnis komme, aber er wolle mit dem Akt bekannt werden.

Wer solche Berichte liest, wird jetzt vielleicht den Eindruck haben, dass es in so einer Favela für die Mädchen wie in der Hölle zugeht. Aber in Wirklichkeit sind davon nur wenige Mädchen betroffen. Die große Mehrheit lebt ganz normal in der Favela, so wie Tausende anderer Mitbewohner, die nur unter den bisweiligen Schießereien leiden, aber ansonsten ganz normal auf der Straße sitzen oder gehen, grillen, singen, Gottesdienste feiern und ihre Kinder auf der Straße spielen lassen. Für sie ist der Idealfall der, das eine Bande die Favela für möglichst lange Zeit beherrscht und weder von anderen Banden noch von der Polizei angegriffen wird. So herrschen stabile Verhältnisse und Tausende können ihrer normalen Arbeit und Schule nachgehen. Wenn so eine Favela von der Polizei erobert wird, wird diese schweigende Mehrheit nun wiederum hoffen, dass die Polizei ihre Macht möglichst lange behält und möglichst nicht angegriffen wird, damit die Leute friedlich ihr Leben führen können.

Viele junge Leute arbeiten und studieren noch dazu an einer Abendschule, um ihr Leben zu verbessern, das Abitur nachzumachen oder etwas Anderes zu lernen oder zu studieren. Andere hingegen leben sorglos in den Tag hinein. Da ist zum Beispiel Dona Rosa, die in der Favela Papageienhügel in Belo Horizonte wohnt. Sie ist 80 Jahre alt und ihre schwarze, verschrumpelte Haut spannt sich wie trockenes Papier oder dünnes Leder über den mageren Armen.

Den ganzen Tag steht sie über ihre Eimer gebeugt, die sich vor ihrer ärmlichen Hütte aufreihen, und in denen sich die Wäsche befindet, die sie für andere Leute wäscht.

Sie hat keine Waschmaschine, sondern benutzt eine Serie von Eimern um die verschiedenen Gänge durchzuführen und dabei möglichst viel Waschmittel und Wasser zu sparen. Ein Teil der Eimer ist ganz alt und zerbröckelt, andere sind ehemalige Farbkanister. Weiße Wäsche steckt sie oft in eine durchsichtige Plastiktüte, füllt Wasser hinein und lässt das Ganze in der Sonne, damit das Wasser warm wird und die Sonnenstrahlen das Weiß aufhellen und bleichen. Mit der harten Arbeit bessert sie ihre Rente auf.

Die Rente entspricht meistens nur dem brasilianische Mindestgehalt. Dazu können Rentner umsonst mit dem Bus fahren. Die Rente reicht, um für eine Person Nahrung kaufen zu können, man könnte sich etwa 1400 einfache Brötchen von dem Geld kaufen, so dass man nicht verhungern würde. Auch bei anderer Nahrung könnte man überleben, aber auch nur, wenn man keine Miete zu zahlen braucht und keine teuren Medikamente zu sich nimmt. Einige Medikamente gibt das staatliche Gesundheitswesen umsonst oder sehr billig heraus, aber da muss man Glück haben, dass das benötigte Mittel dabei ist.

Dona Rosa aber muss, wie so viele Rentner, mit ihrer Rente eine große Anzahl Münder stopfen. So leben in der Hütte drei Enkeltöchter, die alle drei so um die zwanzig sind, dunkelhäutig, immer lachend ihre schneeweißen Zähne zeigend und etwas vollschlank. Alle schlafen gerne bis gegen Mittag, und keine von ihnen arbeitet. Sie alle leben von der Rente der Oma.

Dabei geht Dona Rosa immer in die Kirche und hat sogar den Schlüssel und putzt die Kirche einmal in der Woche. Andere holen den Schlüssel bei ihr, wenn sie zur Bandprobe oder Tanzgruppe die Kirche öffnen wollen, und ihre Kirche ist ein Ableger, sozusagen eine Mission, einer Kirche aus einem wohlhabenden Viertel, in dem viele ein tüchtiges Hausmädchen suchen. Dona Rosa hätte durchaus die Möglichkeit, über die Kirche eine Referenz für ihre Enkel zu gewährleisten, denn niemand stellt ein Favelamädchen ohne eine solche Referenz ein, aber in diesem Falle wäre es einfach, denn die Mädchen wären nicht irgendwelche Unbekannte, sondern die „Enkel der Putzfrau unserer Mission auf dem Papageienhügel". Aber die Mädchen wollen nicht. Wenn man sie fragt, lachen sie, rollen mit den Augen, zeigen ihre weißen Zähne und sagen: Nein.

Inzwischen hat sich die Situation sehr verschlechtert und viele Familien leben nur von der Rente der Oma. Die Wirtschaftskrise Brasiliens hat vielen den Arbeitsplatz geraubt. Wer ein angemeldetes Arbeitsverhältnis hatte, bekommt drei Monate Arbeitslosengeld, danach nichts mehr. Aber die meisten haben kein legales Verhältnis. Ganze Betriebe bestehen nur aus illegalen Anstellungsverhältnissen, um die Sozialabgaben zu sparen. Sie haben keine andere Wahl, da die Konkurrenz es genauso macht und sie sonst nicht bestehen könnten.

Nach dem Zweiten Weltkrieg ging es Brasilien relativ gut, auch wenn damals schon die Unterschiede zwischen arm und reich riesig waren. Der Diktator Vargas musste irgendwann abtreten, und er machte das mit einem tragisch inszenierten Selbstmord. Es kamen wechselnde Präsidenten, unter denen sich Juscelino Kubitschek hervortat, der 1955 bis 1960 regierte und in dieser kurzen Zeit die Konstruktion der neuen Hauptstadt Brasilia mitten im fast unbesiedelten Zentrum Brasiliens propagierte, plante und durchführte. Auch andere Vorhaben konnten umgesetzt werden und es herrschte eine große Aufbruchsstimmung.

Sein Nachfolger konnten den Erfolg allerdings nicht mehr fortsetzen, und in den Sechziger Jahren übernahm das Militär für zwei Jahrzehnte die Macht und versuchte mit klaren Strategien und ungestört vom politischen Hickhack der Parteien große Pläne umzusetzen. Die Militärs konnten darauf verweisen, dass nach Kubitschek kein Politiker vorhanden war, der Visionen hatte, große

Projekte durchführen wollte und den zerstrittenen Parteien die Zustimmung abringen konnte. Dazu gehörten die Erbauung des riesigen Wasserkraftwerkes Itaipu und endlose Straßen durch den Dschungel, die bisher unzugängliche Regionen erschließen sollten. Tatsächlich gelang den Militärs vieles, wohingegen die wechselnden demokratischen Regierungen selbst relativ kleine Projekte oftmals nur zur Hälfte fertigbekommen, bevor die nächste Regierung kommt, die das Projekt dann nicht weiterführt und zur Ruine werden lässt. Aber der relativ stark von oben gesteuerte und abgeschirmte Markt fiel in der Leistung zurück und musste gegen Importe durch hohe Zölle geschützt werden, und die Kosten der gigantischen Projekte luden Brasilien enorme Schulden auf. Die Protektionspolitik schützte zwar inländische Betriebe vor der ausländischen Konkurrenz, aber die Bevölkerung musste mit der schlechten Qualität vieler Produkte leben, so wie etwa früher im Ostblock. Außerdem bekam auch das Militär die Inflation nicht in den Griff.

So wuchs die Unzufriedenheit, und mit der Zeit sehnten sich immer mehr nach politischer Freiheit. Zwar kann man das brasilianische Militärregime nicht mit den blutrünstigen Regimen anderer lateinamerikanischer Länder vergleichen, und auch der Brasilianer ist eher geduldig und neigt dazu, sich mit den Gegebenheiten abzufinden, aber dennoch gab es Folterungen und mit der Zeit wuchs die Bewegung „Democracia já" (Demokratie sofort).

In den achtziger Jahren wurde de Redemokratisierung durchgeführt, und der zweite demokratisch gewählte Präsident Collor begann die Monopole und Privilegien der einheimischen Industrie zu kappen und den Markt zu öffnen. Der Widerstand war riesig, und Collor wurde amtsenthoben und sein Vizepräsident Itamar Franco übernahm verfassungsgemäß die Macht. In Brasilien wird der Präsident direkt gewählt und muss sich dann eine Mehrheit im Parlament bilden, was dadurch erleichtert wird, dass viele Politiker rein opportunistisch denken und für ein Pöstchen ihre Überzeugungen wechseln. So wechseln nach der Bildung einer Koalition viele Abgeordnete von der Opposition zur Regierung, das heißt, sie treten aus ihrer Partei einfach aus und wechseln zu einer Regierungspartei.

Das würde in Deutschland einen Aufschrei geben. Stelle man sich vor, ein Abgeordneter ließe sich für die Grünen oder die Linke wählen und wechselte danach zur CSU oder gar zur AfD, oder umgekehrt. In Brasilien ist es den Wählern des betreffenden Abgeordneten aber ziemlich egal. Meistens wissen sie nicht einmal, für welche Partei er kandidiert, denn die Abgeordneten vermeiden es, die Partei auf den Wahlplakaten zu erwähnen. Sie wählen die Partei meistens einfach danach aus, ob sie ihnen einen günstigen Listenplatz anbietet, oder ob sie es ihnen erleichtert, ein Direktmandat zu bekommen.

Das brasilianische System ist nicht so gehalten, dass in jedem Bezirk nur ein Direktkandidat gewählt wird, sondern es werden im Bundesland eine der Parteigröße entsprechende Zahl Abgeordneter direkt gewählt, aber es können unter Umständen zusätzlich auch indirekt welche nachrutschen. Es kann vorkommen, dass man für ein Direktmandat in einer Partei wesentlich mehr Stimmen braucht als in einer anderen Partei.

Einer unserer Freunde war Kandidat in einer Kleinstadt. Wie gesagt, er kann im ganzen Land gewählt werden, aber er hatte seine Klientel in seiner Gegend. Er ging davon aus, dass seine Anhänger ihn aufgrund der Bekanntschaft in jedem Falle wählen würde, egal für welche Partei er kandidiere. In einer der großen Parteien hätte er fast 30.000 Stimmen für ein Mandat gebraucht, bei den Grünen nur 16.000. Natürlich konnten ihm die Grünen nicht viel Schützenhilfe geben, da sie sehr klein in dem Gebiet waren, aber er glaubte, dass es trotzdem einfacher sein würde, 16.000 Stimmen bei den Grünen zu bekommen als 30.000 bei einer großen Partei. So beschloss er, dieses Mal für die Grünen zu kandidieren. Von Umweltschutz hat er zwar keinen blassen Schimmer, aber das interessiert seine Wähler auch nicht. Und sein Konzept ging auf.

Der Vizepräsident gehört dann normalerweise einem Koalitionspartner an, so wie in Deutschland der Vizekanzler. Aber in Deutschland wird der Vizekanzler nicht zum Kanzler dadurch, dass der Kanzler zurücktritt oder gestürzt wird. So ist es aber in Brasilien, ebenso wie in den USA, nur dass in den USA der Vizepräsident derselben Partei angehört, da sie normalerweise keine Koalitionen bilden. Wenn der Vizepräsident, der dann Präsident wird, wirklich regieren will, muss er sich die Unterstützung anderer Parteien sichern, am besten durch eine Koalition und die Vergabe von Ministerien, so wie es in Deutschland auch gemacht wird. Allerdings garantiert das keine stabile Mehrheit, da die Abgeordneten keinem Fraktionszwang folgen wollen. Das ist nur zu verständlich, wenn man bedenkt, dass die grünen Abgeordneten oft gar nicht grün und die sozialistischen Abgeordneten oft gar nicht sozialistisch sind.

Die Amtsenthebung Collors war ausnahmsweise wieder von Protesten auf der Straße begleitet. Allerdings sagten uns unsere Freunde, dass sie selbst und alle Nachbarn aufgestachelt durchs Fernsehen mitgelaufen sind, dass sie aber eigentlich nicht die geringste Ahnung hatten. Sie fanden es nur einfach schön, auf der Straße zu tanzen und zu schreien.

Unter Collors Vizepräsidenten und somit auch Nachfolger Itamar Franco, der durch seine schwer zu bändigende Haartolle auffiel, obwohl er sonst sehr bieder wirkte, schlug der Finanzminister Fernando Henrique Cardoso vor, die Inflation dadurch zu besiegen, dass man eine neue Währung, den Real, einführe. Viele lachten, denn dasselbe hatten schon diverse Regierungen zuvor versucht, und so hatte Brasilien schon mehrere neue Währungen bekommen, aber immer war die galoppierende Inflation weitergegangen. Cardoso sagte, dass ein Real gleich einem Dollar sein solle, aber alle rechneten damit, dass er schon nach ein oder zwei Monaten nur noch 50 Cent wert sein würde.

Aber, flankiert von einigen Maßnahmen, geschah 1994 ein Wunder. Der Real wurde eingeführt und überholte gar den Dollar, und bald kostete ein Real bis zu 1.40 Dollar, ähnlich wie es später der Euro schaffte. Der Mindestlohn wurde mit 70 Real festgesetzt, aber das Volk hatte noch kein rechtes Gefühl für die Preise. Als ich kurz danach in einem Hotelschwimmbad eine kleine Cola bestellte, berappte der Kellner 5 Real, also 7 Dollar. In Deutschland hätte sie damals selbst in Luxushotels nur die Hälfte gekostet, und normalerweise sollte in Brasilien alles viel billiger gewesen sein.

Beflügelt von dem Erfolg wurde Cardoso selbst zum Präsidenten gewählt, er kandidierte für die relativ neue Sozialdemokratische Partei PSDP, die etwa in der politischen Mitte angesiedelt ist, da es mehrere sozialistische Parteien gibt, die das linke Spektrum besetzen. Die größte Partei PMDP hat überhaupt keine klare Ausrichtung, und die Hälfte ihrer Abgeordneten verstehen sich eher als rechts, die anderen als links. Aber Cardoso konnte diese Partei gewinnen, obwohl die linken Abgeordneten meist lieber mit den Sozialisten koalieren wollen. Unter den sozialistischen Parteien war in den letzten Jahren die Arbeiterpartei PT zur stärksten Kraft geworden, und ihr Anführer Lula stellte einen Repräsentanten des einfachen Volkes dar, aus sehr armer Familie, der sich vom Arbeiter zum Gewerkschaftsführer hochgedient hatte. Jedoch fürchteten viele die von den Sozialisten geforderten Verstaatlichungen und höheren Sozialleistungen als eine ernsthafte Bedrohung der wirtschaftlichen Entwicklung, und manche fürchteten gar eine Einführung einer sozialistischen Diktatur.

Daher wurde Cardoso nach vier recht erfolgreichen Jahren wiedergewählt, aber in Brasilien darf man nur einmal wiedergewählt werden. Vielleicht verlor Cardoso dadurch den Elan, weil er sowieso nicht noch einmal kandidieren konnte, jedenfalls war seine zweite Amtsperiode nicht sehr erfolgreich, es gab einige Einschnitte und die Inflation ließ den Real auf unter 50 Cent fallen, und zudem verschwanden Milliarden eines Programmes, das Amazonien helfen sollte, in unbekannten Taschen. Cardoso bemühte sich um einen Kredit von 30 Milliarden vom IWF, wogegen die Sozialisten wetterten und ankündigten, dass sie diese Knechtschaft nicht akzeptieren und ihn nicht zurückzahlen würden. Die Wirtschaft war indes ständig langsam weitergewachsen, den Mindestlohn hatte man auf 200 Real angepasst.

Da lud Cardoso eines Tages Lula zusammen mit seinem Gegenkandidaten ein und erklärte ihm die Folgen, wenn so ein Kredit einfach nicht zurückgezahlt würde. Und er zeigte Lula, wie die Wirtschaft durch den Kredit belebt würde und dadurch der Kredit leichter als gedacht zurückgezahlt werden könne. Und - auch ein Wunder - Lula sah das ein. Und er hatte noch einen zweiten Schachzug vor der Wahl durchgeführt: er schmiedete eine Allianz ausgerechnet mit der wirtschaftsliberalen PL und bot ihrem alten Vorsitzenden, einem großen Industriellen, der allerding auch einst von Null auf angefangen hatte, die Vizepräsidentschaft an. Die PL war allerdings durch die halbkriminelle Universalkirche unterwandert, was damals aber kaum jemand wusste, da die PL eigentlich unbedeutend war. Aber viele sagten sich, wenn einer der größten Industriellen Lula unterstütze, könne seine Politik gar nicht so sozialistisch und gefährlich für die Wirtschaft sein.

So gewann Lula die Wahl, und tatsächlich nutzten die Sozialisten ihre Macht nicht, um etwa eine Diktatur zu errichten, obwohl gewisse Gesetze zur Regulierung der Presse in diese Richtung zu weisen schienen und auch Dinge wie die bereits oben zitierten Fragen in staatlichen Bewerbungsverfahren zu denken gaben. Gleich in den ersten Tagen lud Lula alle Minister ein und setzte sie in einen Bus, um einige der ärmsten Gegenden im Nordosten des Landes zu besuchen: Lulas Heimat.

Aber die meisten Minister kamen gar nicht, es sind steinreiche Leute die gar nicht wissen wollen, wie die Armen über die Runden kommen. Das Volk sah in Lula einen Präsidenten, der vielleicht als einziger ehrlicher und guter unter all den bösen Politikern agierte. Er erhielt als Präsident weniger als viele andere hohe Staatsdiener, was diesen unangenehm war, aber Lula weigerte sich, eine Erhöhung seines Gehaltes anzunehmen. Er erfand ein kleines Schulgeld für arme Kinder, das nur bezahlt wurde, wenn wirklich die Schule besucht wurde, und als nächstes sollte die Rentenreform angepackt werden. Aber bald musste Lula die Realität begreifen, dass die Abgeordneten nicht mit Argumenten und politischer Loyalität zu binden waren.

Leider sind in Brasilien alle Abgeordneten steinreich. Schon ihre Gehälter sind sehr hoch, dazu gibt es unendlich viele Zulagen, und noch dazu bereichern sie sich illegal. Nach kurzer Zeit sind sie Millionäre. So kann man sagen, dass weder die Mittelschicht noch die Unterschicht im Parlament vertreten sind, da alle Abgeordneten zur Oberschicht gehören, und noch dazu zu einer Gruppe, die ihr Geld nicht als geschickte Unternehmer oder durch besondere Begabungen in Sport, Musik oder anderen Bereichen verdient, sondern sich selbst die Gehälter auf Kosten des wehrlosen Volkes erhöht und noch dazu klaut.

Die Rentenkasse war schon zu Zeiten von Präsident Cardoso pleite und es gab gravierende Missstände. So gingen viele schon mit 45 in Rente, jedenfalls im Staatsdienst, und zwar mit vollen Bezügen. Ein Richter, der ohnehin das Doppelte eines deutschen Richters erhält und davon zum Beispiel 50 Hausmädchen oder andere Hausangestellte anstellen könnte, erhält auch die volle Pension, und auch seine Witwe erhält diese. Nun heiraten viele dieser alten wohlbestallten Männer noch junge Frauen, die dann 80 Jahre die astronomische Pension beziehen. Auch unverheiratete Töchter erhalten die volle Pension des Vaters, aber nur bei diesen reichen Würdenträgern. Die Tochter eines einfachen Staatsdieners geht natürlich leer aus. Aber diese hohen Tiere paktierten mit den Abgeordneten, und diese blockierten alles.

Die Richter, die ja ohnehin schon die höchsten Pensionen aller Staatsbediensteten erhalten, ausgerechnet sie wollten von der Reform ausgenommen werden und drohten gar mit Streiks. Die Regierung sah sich gezwungen, die Richter zunächst auszunehmen. Die Reform sollte für sie erst 30 Jahre später greifen, also zu einer Zeit, zu der die jetzt arbeitenden Richter schon pensioniert wären. Aber in Brasilien werden die Söhne der Richter oft auch Richter, wobei die vorgeschriebenen staatlichen Bewerbungsverfahren offensichtlich erfolgreich ausgehebelt werden, indem sich die Richterfamilien die Fragebögen bereits vor der Prüfung beschaffen oder andere Wege der Manipulation durch Bestechung finden. So drohten die Richter auch für diesen Fall Streiks an.

Um überhaupt etwas in ihrer Regierungsarbeit zu erreichen, beschloss die Regierung, die Hälfte der Abgeordneten monatlich zu bezahlen, sozusagen ein festes Bestechungsgehalt. Dafür sollten sie die Regierungsarbeit unterstützen. Es kam aber trotzdem nicht viel heraus. Da aber somit auch keine sozialistischen Reformen gemacht wurden, wuchs die Wirtschaft munter weiter, nunmehr beflügelt durch den Kredit des IWF, und spülte auch in den Schoß vieler einfacher Familien kräftige Einnahmezuwächse, und die Menschen lobten Lula.

Auch Lula konnte nach acht Jahren nicht mehr kandidieren. Er war unheimlich beliebt, obwohl man damals bereits von dem Bestechungsgeldskandal wusste und viele sozialistische Politiker verhaftet worden waren. Die Ehefrau des Mannes, der den ganzen Skandal ins Rollen gebracht hatte, indem er nach seiner Verhaftung alles ausplauderte, um Haftschonung zu erlangen, nutzte ihre ungewollte Berühmtheit und posierte für den Playboy. Auch wusste man bereits, dass Lulas Sohn bereits Güter im Wert von 300 Millionen angehäuft hatte. Woher kam das ganze Geld?

Die Sozialisten aber behaupteten stock und steif, dass Lula von all dem nicht das Geringste wusste. Er lebte scheinbar umgeben von absolut raffgierigen Politikern und merkte nicht das Mindeste. Und das Volk glaubte daran und wollte, dass Lula die Verfassung ändere, damit er nochmals kandidieren könne. Er hatte über 70% Zuspruch.

Aber er wollte nicht und so gewann man noch mehr die Überzeugung, dass er wirklich anders war als die anderen Politiker. Und so wählte das Volk begeistert seine Kandidatin, die weitgehend unbekannte Ministerin Djilma. Wie üblich nennt man in Brasilien alle Leute mit Vornamen, oder, wie im Falle Lulas, mit dem Spitznamen. Mit ganzem Namen hieß sie Djilma Rousseff. Ihre Arbeiterpartei PT konnte sich auch in den Wahlen behaupten, war aber nach wie vor auf starke Koalitionspartner angewiesen.

Lula wirkte tatsächlich gutmütig, vielleicht eben zu gutmütig für die größtenteils nicht von hehren Ansinnen geleiteten Abgeordneten. Djilma schien das besser in den Griff zu kriegen, und alsbald erfreute sie sich beispielloser Zustimmung von über 80%. Das Problem war nur, dass die PT stets behauptet hatte, dass zwar leider alle in den Bestechungsskandal verwickelt seien, allerdings eben auch viele der Opposition, die ja das Geld angenommen hätten um sich kaufen zu lassen, so dass das Volk übrigens gar nichts gewänne, wenn es für die Opposition stimmte, aber der Einzige, der von nichts wüsste, sei Lula gewesen. Nun musste man das Gleiche auch von Djilma behaupten, obgleich diese zuvor als Ministerin, deren Funktion in etwas dem deutschen Kanzleramtsminister entspricht, genau an der Schlüsselstelle gesessen hatte, von wo diese und andere schmutzige Aktionen gesteuert wurden. Ihr Vorgänger José Dirceu war denn auch längst überführt, wurde prozessiert und musste in Haft.

Im Grunde glaubte keiner an Djilmas Unschuld, aber das Volk hatte sich so sehr an die Bestechungen gewöhnt, dass es ihm auch egal war. Auch, als durchsickerte, dass Lula längst selbst Milliardär geworden war, zuckte das Volk mit den Schultern. Die meisten wussten: sie selbst hätten natürlich auch zugegriffen, wenn jemand ihnen Millionen anböte. Und viele versuchen sogar bei den Wahlen, ihre Stimmen zu verkaufen. Es gibt in Brasilien und auch in vielen anderen Ländern keine Lehrer und Pastoren, die dem Volk jahrhundertelang eingetrichtert haben, dass unehrlich verdientes Geld stinkt. Sie sahen täglich das Gegenteil: Geld bedeutet große Häuser, Luxuswagen, schöne Frauen und mehr, und dabei spielt es nicht die geringste Rolle, wo es herkommt.

So konnten auch neue kleinere Bestechungsskandale niemanden schocken, und niemand kümmerte sich darum, dass Abgeordnete in wenigen Monaten oder Jahren Millionen zusammenrafften. Dann platzte ein riesiger Skandal um die größte brasilianische Firma, die halbstaatliche Ölgesellschaft Petrobras. Tägliche kamen neue Dinge an die Oberflache, und die Aktien fielen zum Leidwesen vieler kleiner Anleger, an die die Aktien günstig in kleinen Mengen verkauft worden waren, und Millionen Angestellte der Petrobras begannen um ihre Zukunft zu fürchten.

Wie es so üblich ist, werden wohldotierte Posten in Aufsichtsräten und Leitungen solcher Unternehmen schamlos unter den Politikern verschachert. Die Regierung vergibt sie als Belohnungen für Koalitionspartner, normalerweise Parteien, aber auch Organisationen, die den Wahlkampf unterstützt haben. Zudem macht die Petrobras natürlich enorme Spenden an einige Politiker im Wahlkampf. Ein der Bestechung überführter Abgeordneter machte einen Vergleich mit der Justiz und zahlte als Zeichen guten Willens mal eben 500 Millionen zurück.

Nach vier Jahren befand sich die Krise immer noch auf dem Höhepunkt. Es schien endlich beweisbar, dass auch Lula mitgemacht hatte und nicht der unschuldige simple Bürger war. Und eine international angesehene Umweltaktivistin namens Marina Silva wollte in die Politik und das Land retten. Aber das ist in Brasilien nicht so einfach. Denn jeder Bürger hat zwar das aktive Wahlrecht, nicht jedoch das passive. Das heißt, er darf nicht einfach kandidieren. Kandidat, sei es zum Präsidenten, Gouverneur eines Bundesstaates oder Bürgermeister eines Kreises kann nur werden, wer von einer Partei aufgestellt wird. Das heißt, er muss sich erst einmal so einer mehr oder weniger kriminellen Vereinigung anschließen und den Leitern, die rauben und andere perverse Dinge tun, zum Munde reden.

Hätte man in Deutschland ein solches Gesetz, bliebe immer noch die Möglichkeit, eben mal schnell mit zwei Freunden eine neue Partei zu gründen. Aber selbst das ist in Brasilien unmöglich. Eine Partei kann nur gegründet werden, wenn man Millionen von Unterschriften sammelt, und zwar verteilt auf viele Bundesstaaten. Es ist daher nicht gestattet, dass parteiverdrossene Bürger eine lokale Wählergemeinschaft gründen und so ihren Bürgermeister wählen. Es kann auch keiner, wie selbst in den USA möglich, eine unabhängige Präsidentenkandidatur verkünden. Wer außer vielleicht der katholischen Kirche oder dem größten Fernsehsender könnte also eine Partei gründen? Höchstens die Politiker selbst, wenn sich etliche aus einer Partei abspalten, dann haben diese das Recht, eine neue Partei zu bilden.

Weil ohne ein funktionierendes passives Wahlrecht das aktive eigentlich wertlos ist, denn selbst in Nordkorea haben die Leute das aktive Wahlrecht, nicht jedoch das passive, würde normalerweise kaum jemand zur Wahl gehen. Daher ist in Brasilien Wählen Pflicht und wer nicht wählen geht wird mit gewissen bürgerlichen Nachteilen bestraft.

Marina Silva hatte bereits unter Lula versucht, über eine Partei in die Politik zu gehen und wurde Umweltministerin, aber sie wollte nicht bei schmutzigen Sachen mitmachen und trat zurück. Nun versuchte sie das Unmögliche: die Gründung einer neuen Partei. Ein Ruck ging durch das Land und ihre Beliebtheit stieg, obwohl mancher zweifelte, wie weit eine Idealistin in dem Sumpf der Politik käme. Und sie erreichte die nötigen Unterschriften, aber die Richter suchten irgendwelche Mängel und fochten die Unterschriften an. Es blieb keine Zeit mehr, um neue zu sammeln, und so willigte Marina schließlich ein, Kandidatin als Vizepräsidenten an der Seite eines Kandidaten zu werden, von dem zwar keine Skandale bekannt waren (wohl aber natürlich von seiner Partei), der aber gar keine Chance hatte. Da Marina Silva ja nur Vize würde, konnte sie das Volk nicht richtig begeistern, für den unbekannten Eduardo Campos zu stimmen.

Da verunglückte der Kandidat eines Tages bei einem Flug tödlich. In Ermangelung eines anderen Kandidaten akzeptierte seine Partei, dass Marina nachrückte, und wenige Wochen später lag sie in den Umfragen vor Djilma und dem Kandidaten der Sozialdemokraten PSDP. Eine unglaubliche Schlammschlacht begann. Es hieß, eine Frau wie Marina würde mit ihrem Idealismus der Politik gar nicht gewachsen sein. Außerdem sei sie evangelisch, also sektiererisch, gefühlsbetont und viel zu ehrlich für die Politik.

Und tatsächlich, ihre Werte fielen, und schließlich gewann Djilma die Wahl und auch die Stichwahl gegen den Kandidaten der PSDP. Wenige Tage nach der Wahl wurden die Strompreise, Wasserpreise und andere Gebühren rund verdoppelt, und die Krise um die Ölgesellschaft Petrobras eskalierte weiter. Nun merkten die Armen, dass sie in all den Jahren zwar einige Almosen geschenkt bekommen hatten, aber das Wenige wurde ihnen nun einfach wieder durch höhere Gebühren genommen. Aber auch der Mittelstand wurde schwer belastet, und der versuchte es auf die Preise umzulegen. So stiegen auch die Lebensmittelpreise immer weiter.

Es kam zu riesigen Massenprotesten. Wenige Wochen nach der Wahl hatte Djilma nur noch 8 % Zustimmung. Das Volk ärgerte sich natürlich über sich selbst, weil es sich so leicht hatte austricksen lassen und Djilma wiedergewählt hatte. Jetzt waren die sozialistischen Politiker, die Gleichheit versprochen hatten, alle Multimillionäre, während die einfachen Leute immer noch nichts hatten. Im Gegenteil, viele mussten entlassen werden und wer selbstständig war, hatte keine Aufträge mehr. Und die meisten erhielten nicht einmal die üblichen drei Monate Arbeitslosengeld, weil sie gar keine registrierten Arbeitsverhältnisse gehabt hatten.

Im April 2016 wollte ich meine Haare schneiden lassen und schaute mich um, da ich in einer neuen Gegend wohnte. Viele Männer, die ein kleines Friseurgeschäft betrieben, mussten fast den ganzen Tag auf ein oder zwei Kunden warten. Und die Damenfrisörgeschäfte boten plötzlich auch Herrenschnitte an, zum halben Preis.

Ich ging abends durch eine Straße mit diversen Friseuren. Vor dem größten Damenfriseur saßen fünf hübsche junge Friseusen auf dem Bürgersteig: Sie hatten keinen einzigen Kunden.

Viele gingen auch diesmal wieder auf die Straße, weil es alle machten, obwohl sie gar keine Ahnung hatten. Auch meine achtjährige Nichte bat ihre Mutter, mitmarschieren zu dürfen, denn ihre Freundinnen gingen auch. Die Mutter erlaubte es und ging auch mit, obwohl sie eine Staatsbedienstete und eine der letzten Anhängerinnen der Regierung war. Zudem gingen auch die Großeltern mit und sogar die Uroma. Als die Nichte sie fragte, warum sie denn auch mitwolle, sagte sie: „Weil in der Regierung auch Kommunisten seien."

Die Nichte fragte, was denn eigentlich Kommunismus sei, und die alte Dame sagte zu ihr: „Ach, mein Kind, etwas Schreckliches. Ganz viele nackte Menschen auf der Straße."

Man wollte Djilma loswerden, brauchte aber einen verfassungskonformen Grund, der schließlich gefunden wurde. Rechtlich überzeugte er nicht ganz, aber in der Abstimmung stimmte eine überwältigende Mehrheit der Abgeordneten für die Absetzung. Nötig war eine Zweidrittelmehrheit, und die wurde deutlich überboten.

Natürlich hatte die Regierung noch versucht, viele Abgeordnete mit Posten zu kaufen. Etliche Posten wurden frei, weil Koalitionspartner sich rechtzeitig abseilten, und diese wurden schnell anderen angeboten, um neue Partner zu bekommen. Aber es gab sogar den Fall eines Abgeordneten, der zum Entsetzen seiner Kollegen ein Ministeramt wenige Tage vor der Abstimmung annahm. Wie konnte er sich so kaufen lassen! Aber er wollte nur das Amt und damit das damit verbundene legale und illegale Geld für die kurze Zeit. Bei der Abstimmung stimmte er einfach trotzdem gegen Djilma.

Vor der Abstimmung bekamen alle möglichen Abgeordneten ein Rederecht, drei Tage wurde ununterbrochen gesprochen, vor fast leeren Rängen. Eine sinnlose leere Zeremonie. Der Vizepräsident, der längst mit Djilma gebrochen hatte, wurde damit Präsident und stellte eine wirtschaftsfreundliche Regierung auf, aber ansonsten, was die Korruption und die Bereicherung der Politiker betrifft, erwartet man keine moralischen Impulse von ihm, zumal er selbst auch angeklagt ist.

Außer der schamlosen Bereicherung ist noch festzustellen, dass die Politiker eine große Anzahl von Prostituierten verbrauchen, teils von ihnen selbst bezahlt, teils von Firmen gesponsert und teils von den Steuerzahlern als Hotelspesen o.a. beglichen, und 15% derer sind minderjährig. Es gibt natürlich parlamentarische Arbeitskreise gegen die Prostitution Minderjähriger, und einzelne Politiker kehren den Moralisten und Hardliner heraus, wenn irgendein Fall im Land bekannt wird und fordern eine strenge Bestrafung. Noch nie hat aber ein Politiker, der in so einem Arbeitskreis sitzt, schlichtweg seine Kollegen, die Minderjährige missbrauchen, enttarnt und angezeigt.

Außerhalb Brasilias, vor allem in den entlegenen Bundesstaaten, ist der Missbrauch Minderjähriger durch Politiker noch verbreiteter. Man schätzt, dass über die Hälfte der Politiker in Amazonien bereits Minderjährige missbraucht hat, wobei häufig die Politiker selbst Mädchen anwerben und in die Prostitution hineinschieben, um sie auf Festen missbrauchen zu können.

Rayane war 13, als sie das erste Mal angesprochen wurde. Sie lebte unter ärmlichsten Verhältnissen am Rand einer Stadt im Norden des Bundesstaates Espirito Santo als älteste von derzeit acht Geschwistern, ein weiteres sollte bald folgen. Ihre Mutter Ireni war sehr dick und ebenso faul und arbeitete nicht und sah zu, dass sich die Kinder immer im Haus der Oma befänden. Diese lebte von ihrer Rente sowie der Rente der Großmutter, die bereits 101 Jahre alt war und blind in ihrem Bett saß. Sie war ganz klein und zusammengeschrumpft und wog kaum 35 Kilo. Irenis Kinder waren alle von verschiedenen Männern, der Vater von einigen war bekannt, aber nur einer zahlte Alimente, obwohl der Staat die Nichtzahlung sogar mit Gefängnis bedroht. Sie wartete auf einen neuen Mann, mit dem sie leben könnte, obwohl sie bisher immer viel Prügel von ihren Partnern bezogen hatte, und nie hatte es lange gehalten. Aber jeder hatte als Andenken ein Kind hinterlassen.

Gerade wegen dieser einfachsten Verhältnisse schreibt Rayane sich mit Ypsilon. Das Ypsilon existiert eigentlich gar nicht im Portugiesischen, kann aber für Fremdworte und Namen verwendet werden. So glauben gerade die einfachsten Leute, dass es schick sei, ein Ypsilon in den Namen einzubauen. Das gleiche gilt für das K und da W. So gilt es als schick, anstatt Carina Karina oder gar Kharina oder Karyna zu schreiben. Auch ansonsten sind die Eltern in der Auswahl der Namen fast völlig frei. Es gibt Eltern, die Namen erfinden oder den Namen des Großvaters oder der Großmutter variieren. So hatte eine Frau namens Eliete Kinder mit Namen Eliaidina, Eliegina, Elilandio usw. Alles Namen, die es nur einmal auf der Welt gibt.

In Brasilien nennt man immer die Vornamen, so dass die Ex-Präsidentin Djilma Rousseff als Djilma erscheint, und keinesfalls als Rousseff. Von den Fußballspielern sind die Nachnamen normalerweise gar nicht bekannt. Neymar (man bemerke das Ypsilon!) ist ein Vorname, Beckenbauer oder Schweinsteiger hingegen ein Nachname. Natürlich nennen jetzt viele Brasilianer ihre Söhne Neymar, aber es gibt auch viele, die ihren Sohn Schweinsteiger oder Goetze nennen würden. Was soll ein Standesamt bzw. in Brasilien das Notariat in so einem Falle machen?

In Brasilien tendieren sie dazu, den Namen zu akzeptieren. Und so gibt es u.a. sogar recht viele Menschen, die nach dem ersten US-Präsidenten Washington heißen. Natürlich gibt es auch Beckenbauers, und mindestens einer heißt Hitler. Angeblich wusste sein Vater nicht, dass Hitler ein Massenmörder war und daher durfte der Sohn dann auch später notariell seinen Namen tauschen.

Ireni wurde stets bewusst schwanger, sie wollte damit den jeweiligen Mann länger an sich binden. Vorerst hatte sie aber niemanden, doch sie hatte Glück und bekam von jemandem über eine Kirche einen kleinen Schuppen mietfrei. Ihre einzige Einnahme waren die Alimente, aber Ireni kaufte Möbel ohne Anzahlung, mit monatlichen Raten, so dass diese Summe schon im Voraus verplant war. Es gab jetzt zwar den auf Pump gekauften Kühlschrank, aber nicht das Geringste zu essen in Irenis Haus. Sie ging davon aus, dass es immer Essen bei der Mutter gab, die nur 500 Meter weiter wohnte. Aber die Mutter hatte die Nase voll davon, ständig die Kinder mit durchzufüttern und es gab viel Streit. Die alte Mutter war sehr rabiat und schlug alle ihre Töchter noch, obwohl diese längst erwachsen waren.

Ireni hatte sechs Geschwister und die meisten standen sich einigermaßen gut. Zwei Männer hatten eine einfache Arbeit und hatten sich bereits ihr eigenes Haus erbaut, die drei Schwestern standen sich nicht ganz so gut. Die älteste, die am hübschesten war, hatte einen großen, dicken und hellhäutigen Mann und erschien immer relativ gut angezogen und kein bisschen vulgär, wie viele Frauen in der Favela. Die jüngeren Schwestern sagten, dass ihre älteste Schwester in ihrer Jugend ganz unstet gewesen sei, aber der Ehemann habe sie viel geschlagen und nun ginge alles gut. Und sie schienen stolz auf ihre Schwester zu sein, wenn sie das so sagten.

Die zweite Schwester war mit einem Maurer verheiratet und hatte zwei Kinder, eines davon von dem Maurer. Das Problem war nur, dass der Maurer noch eine zweite Frau hatte, und mit der hatte er vier Kinder. Insgesamt hatte diese fünf Kinder. In Brasilien spricht man von verheiratet, unabhängig davon, ob es sich um eine standesamtliche oder „wilde" Ehe handelt. Darüber hinaus gibt es Fälle, in denen das Paar kirchlich heiratet, jedoch für das Standesamt irgendein Dokument fehlt. Da die meisten Kirchen die jungen Paare zur Heirat drängen, oder gar mit Sanktionen belegen, wenn sie nicht heiraten, aber trotzdem zusammenleben, müssen sie sich etwas einfallen lassen für Menschen, die gar nicht heiraten können, weil zum Beispiel eine Scheidung noch offen ist und sich viele Jahre hinzieht oder weil die Person keine Geburtsurkunde besitzt. Daher gibt es in vielen Kirchen so eine Art Notehe, die vom Staat allerdings nicht anerkannt wird. Doch zählen in allen diesen Fällen diese Partnerschaften als stabile Gemeinschaften, die wie in Deutschland schon gewisse Rechte beinhalten.

Keine Schwierigkeiten gibt es mehr für gleichgeschlechtliche Ehen, aber sehr wohl, wie auch in Europa, mit Ehen zu dritt oder viert. Mir ist allerdings ein Fall bekannt, in dem der Mann 50 Jahre glücklich mit zwei Frauen lebte, in einem großen Haus, und vor allen Nachbarn der kleinen Stadt. Alle gewöhnten sich daran, und konnten bezeugen, dass auch die zweite Frau immer dort gelebt hatte und alle ehelichen „Pflichten" erfüllt hatte. Und es gelang ihr tatsächlich, eine Rente zu erstreiten, nachdem der Mann und die andere Frau gestorben waren.

Der Maurer lebte abwechselnd mit den beiden Frauen, die im selben Stadtviertel, das eigentlich auch fast eine Favela ist, leben, aber in richtigen gemauerten Häusern.

Die jüngste Schwester hieß Valcenira und war einmal verheiratet und hatte zwei Jungen, von denen nach der Trennung nur einer bei ihr lebte. Sie und das Kind lebten nun ebenfalls wieder im Haus der Mutter. Sie hatte einen perfekten Körper, nur das Gesicht war etwas grob um wirklich schön genannt zu werden. Aber sie konnte hervorragend tanzen und würde gerne als Tänzerin arbeiten, aber die Mädchen, die auf Shows von regionalen Bands tanzen, erhalten meistens nur ein kleines Taschengeld oder lediglich Verpflegung.

Anders in Wahlkampfzeiten. Da kommen viele Kandidaten für Abgeordnete auf die Idee, ein „Trio Elétrico" zu mieten oder zu montieren. Dazu stellt man auf die Ladefläche eines Lasters große Lautsprecher und lässt flotte Musik wie zum Beispiel Axé spielen. An das Lastauto hängt man die Wahlplakate mit dem Gesicht des Kandidaten und des mit ihm verbündeten Kandidaten für die Präsidentschaft. Die Ladefläche ist umgittert, und auf dieser oder darüber in einem montierten zweiten Geschoss tanzen ungefähr zehn Mädchen in knappen Bikinis oder anderer aufreizender Kleidung, wie auf richtigen Musikshows. So etwas macht natürlich einen riesigen Eindruck und gewinnt viele Wähler. Am Tag der Wahl kann der Wähler ja auch für Abgeordnete aus anderen Wahlkreisen stimmen, so dass er theoretisch unter tausenden auswählen kann. Nur kennt er oft keinen und wählt den, an den er sich irgendwie erinnert. Daher muss der Kandidat etwas erfinden, um sich aus der Masse abzuheben.

Wenn ein ehemaliger Fußballstar wie Romario kandidiert, hat er seine Wählerstimmen schon sicher, da viele ihn kennen. Wer völlig unbekannt ist, kann oft punkten, wenn er etwas macht, das ihn von allen anderen unterscheidet. Jeder Kandidat darf sich auch kostenlos ein paar Mal in einem Kurzspot von etwa zehn Sekunden im Fernsehen vorstellen. Es werden alle Kandidaten aus dem jeweiligen Bundesland, also hunderte, vorgestellt, und da geht es natürlich wie am Fließband zur Sache, und manche versuchen aufzufallen um in Erinnerung zu bleiben.

Einer trat wie ein Clown und mit dem Spitznamen Tiririca auf und sagte ganz offen, dass er von Politik keine Ahnung habe, aber reich werden wolle. Tausende sagten: Der ist wenigstens ehrlich. So holte er bundesweit ein Traumergebnis und wurde Abgeordneter.

So verdiente Valcenira zu Wahlkampfzeiten immer Geld als Tänzerin. Oft konnte sie auch ihre Schwester mit unterbringen, die jedoch ihren Bauch nicht mehr unter Kontrolle kriegte. So brachte sie eines Tages an deren Stelle ihre dreizehnjährige Nichte Rayane mit, die bereits toll entwickelt war und die Schönheit ihrer ältesten Tante geerbt hatte. Glänzende braun-schwarze Haut, schlanke pantherhafte Glieder und vor allem glänzende dunkle Augen und ein hinreißendes Lächeln mit perfekten Zähnen.

Nach drei Tagen Arbeit auf dem Trio Elétrico erhielt Rayane eine Einladung zu einem Abendessen. Zuvor wurde sie in das Büro des Abgeordneten gefahren, und dieser brachte sie in eine Wohnung, wo er sie fragte, ob sie gesund sei und wie die hygienischen Verhältnisse zu Hause seien. Rayane wollte nichts von den prekären Verhältnissen bei ihrer schlampigen Mutter erzählen, und auch bei der Großmutter funktionierte die Spülung der Toilette schon seit Monaten nicht, und sagte, dass alles gut sei. Der Politiker fragte dann, ob es wahr sei und ob er es kontrollieren könne.

Wie alle Brasilianer war Rayane immer sehr sauber. Auch wenn es bei ihrer Oma wegen der defekten Toilette bestialisch stank, duschte sie viel. Man musste versuchen, das Wasser beim Duschen in einem Eimer aufzufangen, dann konnte man damit die Toilette spülen. Aber das Duschwasser lief nur schwach, und es mussten drei Leute duschen, bis der Eimer voll wurde. Man wundert sich, wieso nicht der Schwiegersohn, der Maurer war, oder einer der beiden Söhne die Spülung reparierte. Selbst Valcenira war ganz patent, zwar sehr sprunghaft und daher ohne richtige Arbeit, aber nicht faul im Sinne, dass sie wie Ireni herumlag und nichts machte und nur auf einen Mann wartete, der sich so schlecht stand, dass er diese chaotischen Verhältnisse akzeptierte. Wenn Valcenira zum Beispiel ein Haus saubermachte, sei es gezwungen von ihrer Mutter oder um einer Freundin zu helfen, war sie auffällig tüchtig und schnell. Aber sie dachte nie daran, sich in den guten Stadtvierteln als Haushilfe anzubieten. Man verdiente, wie schon dargestellt, bis zur Krise sehr gut daran, allerdings brauchte man Referenzen. Diese hätte sie aber sowohl über den Politiker wie auch über mich oder sicher auch über andere Bekanntschaften über ihre Tanzeinsätze haben können, wenn sie gewollt und darum gebeten hätte.

Aber wahrscheinlich dachte die Mutter daran, dass mit der Riesenschar von Enkeln im Haus die Wasserkosten explodieren würden, sobald die Anlage repariert wäre, und zog es daher vor, nichts zu machen. Aber selbst, wenn sie gewollt hätte, hätte es vielleicht Jahre gedauert. Das Sprichwort „Was du heute kannst besorgen, das verschiebe nicht auf morgen", ein typischer Ausdruck jahrhundertelanger norddeutscher protestantischer Erziehung, müsste in Brasilien umgedreht werden: „Was du auch morgen machen kannst, damit brauchst du dich nicht jetzt zu belasten." Diese lockere Haltung faszniert viele Nordeuropäer, wenn sie in südlichen Ländern Urlaub machen, aber die meisten dürfte es mit der Zeit ganz schön nerven, wenn sie immer dort wohnten.

So sagte Rayane auf die Frage, ob der Politiker es kontrollieren dürfe, ohne zu zögern ja. Und als dieser sie aufforderte, ihren Slip auszuziehen und die Beine zu spreizen, tat sie es ebenfalls. Sie war keine Jungfrau mehr, aber sie wollte auf keinen Fall so wie ihre Mutter enden und orientierte sich an ihrer jüngsten Tante Valcenira, die zwar auch schon zwei Kinder hatte, die sie mit 15 gleich nach ihrer Heirat und mit 17 geboren hatte, aber jetzt verhütete und sich auch ihre gute Figur bewahrt hatte. Daher tat sie das, was ihr ohne Geld möglich war, für ihre Schönheit, war sauber, perfekt rasiert und zeigte ansonsten auf der Straße immer viel Bauch und viel Bein, um ihre glänzende makellose Haut zu offenbaren. Die Verhältnisse im Haus ihrer Mutter waren ihr zutiefst zuwider, und sie hätte sofort geheiratet, das hieße für deutschen Sprachgebrauch, sie wäre sofort zu einem Mann gezogen (die staatliche Trauung ist auch erst ab 16 möglich), aber sie wollte sich nicht irgendjemandem an die Brust werfen und wollte auch nicht geschlagen werden. Eigentlich wollte sie verwöhnt werden, und so sagte sie damals immer, dass sie einen kranken Finger habe, und daher keine Hausarbeit machen dürfe.

Einige Monate später sollte sie einen jungen hübschen Maurer kennenlernen, zu dem sie dann zog und dem sie nichts von einem angeblichen kranken Finger erzählte, sondern dem sie stolz den winzigen Haushalt führte. Genaugenommen machte sich der Maurer strafbar, denn er war schon 18 und dürfte keine Frau unter 14 haben. Einige Monate später wurde Rayane 14 und legalisierte somit das Verhältnis, das erstaunlicherweise bis heute besteht.

Damals, auf der Couch des Politikers, öffnete sie ihm die Beine und dieser untersuchte sie kurz und machte dann oral mit ihr, bis sie zum Höhepunkt kam. Dann sagte er ihr ganz unverblümt, dass er sie mit zu einem festlichen Churrasco (Grillabend) mit wichtigen

Freunden mitnehmen würde und dass sie das Gleiche mit einem Mann machen solle.

Sie sagte nichts, und der Politiker nahm das als Einverständnis und nahm sie mit. Nachdem sie das auf dem Fest gemacht hatte, wurde sie gelobt und bekam einen Geldschein in die Hand gedrückt. „Der Mann hat dich sehr gelobt. Daher möchte ich dich bitten, das Gleiche auch mit dem Bürgermeister von M., der dort in der Ecke sitzt, zu machen."

Rayane sah, dass außer ihr andere Mädchen zugegen waren, fast alle minderjährig, und die anderen schliefen sogar mit den Männern, die Politiker, Parteileute und hohe Staatsfunktionäre waren. Rayane machte das beim nächsten Mal auch und nahm im Laufe der nächsten Monate an etwa sechs Partys teil. Danach, als sie ihren Maurer fand, hörte sie damit auf, und der Politiker übte auch keinen Druck mehr auf sie aus. Er war wiedergewählt worden und blieb eine Zeit lang in Brasilia, um möglichst schnell möglichst viel Geld zusammenzuraffen, denn der Wahlkampf war teuer gewesen und er wusste ja auch nicht, ob er nach weiteren vier Jahren erneut gewählt würde. So wollte er im Zweifelsfalle bis dahin genug Geld auf ausländische Geheimkonten schaffen.

Juristisch gesehen ist der Verkehr mit einer Minderjährigen Vergewaltigung, und so sagen manche Untersuchungen, dass allein in Amazonien die Politiker zusammen mit ihren Freunden und „Honoratioren" etwa 100.000 Vergewaltigungen pro Jahr durchführen. Ich setze das Wort Honoratioren in Klammern, den Honor bedeutet Ehre, wie jeder auch aus dem Englischen kennt, diese Unholde aber das Gegenteil verkörpern. Je größer der Widerspruch, desto mehr Wert muss der Politiker natürlich darauf legen, nach außen hin den Ehrenmann zu schauspielern. Daher wundert es nicht, dass in Brasilien selbst kleine Stadtverordnete sich untereinander mit „Eure Exzellenz" anreden.

Wer einmal so eine Stadtverordnetensitzung miterlebt hat, muss über den südlichen Pomp als Nordeuropäer sicherlich mindesten schmunzeln. Jeder einzelne Abgeordnete zieht gesondert ein, nachdem eine Sprecherin die Ankündigung gemacht hat: „Jetzt bitten wir um Aufmerksamkeit für seine Exzellenz, den Abgeordneten Reginaldo Oliveira Carvalho." Und dann kommt er herein unter dem Applaus der Kollegen und eventuellen Zuschauern.

Wenn ein Land, das Geheimkonten erlaubte, unter dem Druck der internationalen Gemeinschaft beschließt, sein Bankgeheimnis zu öffnen, so wie die Schweiz es vor einigen Jahren machte, ist es eine Katastrophe für die brasilianischen Politiker, denn viele haben dort Konten, die bis dahin geheim waren und nun veröffentlicht werden. Wenn solche Daten bekannt werden, ist die übliche Ausrede, dass der Politiker behauptet, dass er nichts von der Existenz dieses Kontos gewusst habe. „Vermutlich hat irgendein Fan oder Bewunderer es für mich eingerichtet ohne es mir mitzuteilen."

Jeder Abgeordnete erhält außer seinem Gehalt riesige Zuwendungen für Benzin, Briefmarken, Telefon, Wohnungskosten, Reisen und vieles mehr, die so zugschnitten sind, dass nur von einem dieser Posten ein normaler Bürger gut leben könnte. Manches sind Pauschalen. Benzinkosten müssen hingegen meistens mit Tankrechnungen belegt werden. Da ist schon mancher Bürger schwer beeindruckt, wenn er sieht, dass sein Abgeordneter so engagiert arbeitet, dass im Monat laut Tankbelegen bis zu über 20.000 km zusammenkommen. In Wahrheit sammelt der Politiker natürlich die Belege seiner Freunde und Verwandten und reicht diese mit ein.

Jeder Politiker hat auch einen großen Stab von Mitarbeitern, die vom Staat bezahlt werden. Da die meisten Politiker ohnehin nicht vorhaben, sich in Projekten zum Wohle des Staates oder des Volkes zu engagieren, höchstens um ab und zu einmal medienwirksam zu erscheinen, braucht er seine Mitarbeiter kaum, denn um Geld aus der Staatskasse zu rauben, setzt er deren Hilfe natürlich kaum ein, es gäbe sonst zu viele Mitwisser. Seine Verwandten darf er seit Neuestem nicht mehr anstellen, er kann also höchsten die Verwandten eines Kollegen einstellen und dieser stellt dafür die Verwandten des ersteren ein. Häufig wird aber auch einflussreichen Personen im Wahlkreis versprochen, eine Tochter oder Nichte oder Neffen auf diese Art und Weise zu versorgen. Somit sichert sich der Kandidat die Unterstützung einer einflussreichen Familie.

Darüber hinaus kann er auch Leuten einen Posten anbieten, die normalerweise kaum ein Zehntel dessen verdienen, was sie nun bekommen. Er schlägt ihnen deshalb den Deal vor, sie einzustellen, wenn sie ihm freiwillig die Hälfte des Gehaltes zurückgeben. Wenn er es mit zehn oder fünfzehn seiner Mitarbeiter so macht, kommt eine hübsche monatliche Summe heraus, auf die sonst nur Zuhälter oder ähnliche Ausbeuter gelangen können.

Häufig existieren die Mitarbeiter gar nicht und der Politiker trägt Fantasienamen ein, diese Variante ist jedoch die plumpste und fällt am ehesten auf. Andere Machenschaften sind die Anstellung von einem kriminellen Vertrauten, der dann dabei hilft, Geld zweckzuentfremden, sowie die feste Einstellung von willigen jungen Mädchen für den sexuellen Bedarf des Politikers als persönliche Sekretärin oder Sachbearbeiterin.

In Brasilia gibt es neben der Abgeordnetenkammer noch ein Oberhaus, den Senat, in dem jeder Bundesstaat mit zwei Senatoren vertreten ist. Als Djilma amtsenthoben wurde, gelangte das Verfahren nach der erfolgreichen Abstimmung zum Senat, wo die gleichen ermüdenden Zeremonien durchgeführt wurden, die dann das selbe Ergebnis brachten. Wäre es anders ausgefallen, würde man sehen müssen, was die Verfassung jeweils für solche Fälle vorsieht. In England ist das Oberhaus das House of Lords, wo die Adligen sitzen, die aber fast keine politische Macht haben, und in Deutschland gibt es den Bundesrat, der allerding bei vielen Gesetzen kein Mitspracherecht hat. Ähnlich wie in England ist dieses Oberhaus völlig überflüssig, und kann aber natürlich nicht, wie in England, wenigstens geltend machen, eine Art moralischer Wächter zu sein. Da die kleinen Bundesstaaten im Senat genauso mit zwei Senatoren, die vom Volk gewählt werden, vertreten sind, wie die großen, also anders als im deutschen Bundesrat, wehren diese kleinen sich denn auch regelmäßig gegen die Abschaffung des Senates, da sie damit einen Machtverlust hinnehmen müssten.

Als ich einmal für einige Tage im Senat zu tun hatte, erinnerte ich mich an den Rundgang in den Bordellen der Straße Guaicurus in Belo Horizonte. Jeder Senator hatte eine Handvoll Angestellter um sich, was wenigstens beweist, dass sie nicht nur auf dem Papier existierten. Sie waren zu 90% weiblich, um die zwanzig Jahre alt, sehr hübsch, mit langen, oftmals blondierten Haaren, fast immer weiß, mit hohen Hacken und extrem kurzen Röckchen. Damals war gerade die Mode so, dass der Bund der Hosen und Röcke so tief wie möglich getragen wurde. Wenn die Mädchen sitzen, und jedes hat einen Schreibtisch mit Computer, vor dem es sitzt, kann man somit weit in die Pofalte hineinblicken, was die Damen nicht besonders zu stören scheint. Sie müssten auch wissen, dass der Betrachter auch sogleich den dünnen Slip sieht, und den Fio dental (Zahnfaden), der in der Poritze verläuft und im Dunkel verschwindet. Aber bei einigen Mädchen fehlt der Faden, sie dürften also sogar ohne Höschen im Büro sitzen.

Dieses Bild scheint bei allen Senatoren ähnlich zu sein, und auch bei den politisch unabhängigen hohen Juristen und anderen unabhängigen Funktionären, die dort arbeiten. Natürlich habe ich nur in eine kleine Anzahl von Büros einen Einblick erhalten, da ich nur auf Einladung einer bestimmten Person dort war. Aber auch auf den Gängen trifft man nur diese feenhaften halbnackten Schönheiten. Dabei ist es dort natürlich keineswegs heiß, da alle Klimaanlagen verwenden.

Meine Kontaktperson ist eigentlich sehr sympathisch, bieder, bescheiden und arbeitete in einem Projekt mit, für das meine Hilfe als Übersetzer gebraucht wurde. Da es sich um Texte zu klassischen Musiken handelte, galt ich als der Spezialist. Ich hatte kaum erwartet, auch bei ihm im Büro nur eine Handvoll dieser Schönheiten vorzufinden. Er forderte eines der Mädchen auf, seinen Arbeitsplatz für mich zu räumen, und dieses setzte sich aufs Sofa und blieb dort während der Tage, an denen ich dort arbeitete.

Wenn man eine neue Sprache lernt und auch an Übersetzungen arbeitet, merkt man natürlich die interessanten Unterschiede zwischen den Sprachen. Bekannt ist ja die auffällige Tatsache, dass die Eskimos zwanzig verschiedene Ausdrücke für Schnee haben sollen. In anderen Sprachen gibt es dafür nur die Möglichkeit, mit Adjektiven zu arbeiten, um zum Beispiel „verharschter Schnee" zu schreiben. Speziell das Deutsche kennt auch die Möglichkeit, aus zwei oder mehr Worten ein neues zu Formen. So gibt es Neuschnee, Pulverschnee usw. Diese Ausdrücke sind meistens geläufig, so dass jeder weiß, was Pulverschnee genau ist. Zum Beispiel handelt es sich dabei nicht etwa um eine Droge.

Eine Hausmaus ist auch nicht eine beliebige Maus, die in einem Haus wohnt oder selbst eines gebaut hat, sondern eine bestimmte Rasse. Noch klarer wird es bei den griechischen und lateinischen Fachworten wie Geographie, Geologie, Astronomie, Astrologie usw., die jeweils aus zwei Worten zusammengesetzt sind. Wer sich auskennt, weiß genau, was das Wort bedeutet. Alleine mit der Kenntnis griechischer und lateinischer Vokabeln käme man nicht auf die Bedeutung, ebenso wenig wie ein Unkundiger nicht wüsste, was Oberhaus und Unterhaus bedeuten. Es handelt sich beim Oberhaus ja nicht um den oberen Teil eines Gebäudes so wie Oberkörper und Unterkörper.

Im Deutschen können beliebig viele Worte aneinandergereiht werden. Es gibt daher kein Wort, von dem man sagen kann, es sei das längste deutsche Wort, denn man könnte ja immer noch ein Wort mehr anhängen. An den berühmten Donaudampferschifffahrtskapitänskajütentischdeckenzipfel könnte man durchaus, je nach Zusammenhang noch ein weiteres Wort wie etwa „Farbe" anhängen, wenn man etwa mit einem Freund über die Farbe dieses Tischdeckenzipfels diskutierte.

So etwas gibt es im Brasilianischen bzw. Portugiesischen nicht. Das Brasilianisch hat sich von dem Portugiesischen durch die Neuaufnahme einiger Ausdrücke von den Indios entfernt, dazu kommen regionale Ausdrücke und Bedeutungsverschiebungen. Das Wort Rapariga (jugendliches Mädchen oder junge Frau) sollte in Brasilien zum Beispiel nicht angewandt werden, da es in den meisten Bundestaaten Prostituierte bedeutet. Aber wie im Portugiesischen gibt es so gut wie keine zusammengesetzten Worte. Allerdings kann man mit Bindestrichen operieren, was seltener gemacht wird, aber immerhin zwei Worte zusammenbinden lässt. Auch die Doppelworte aus dem Griechischen und Lateinischen findet man in allen europäischen Sprachen, im Osten, der nicht katholisch, sondern orthodox war oder ist, fehlen allerdings die lateinischen Ausdrücke. So erkennt man Fachwörter von Demokratie, welches anderswo democracy, democracia, democratia, demokratcja o.ä. heißt, bis hin zu wissenschaftlichen Fachausdrücken leicht wieder, besonders wenn man sie aufgeschrieben findet und nicht durch verschobene Aussprachen wie zum Beispiel im Englischen verfremdet hört. Bisher wurden die Rechtschreibreformen des Portugiesischen mit allen portugiesischsprachigen Ländern abgestimmt, zu denen auch Angola und Mozambique sowie einige winzige Länder gehören.

Wenn die Sprache keine Wortzusammensetzungen liebt, muss man eben mehr Adjektive verwenden. Aber man könnte einen Straßenfeger auch kaum durch einen „straßlichen" Feger ersetzen, denn selbst wenn es wie im Portugiesischen ein Adjektiv zu Straße gibt, ist das Ergebnis nicht klar verständlich. Ein Handfeger kann ja auch nicht „handlicher Feger" genannt werden. So muss man dann eben ein neues Wort lernen, so als wenn man an Stelle von Tierarzt eben Veterinär lernen muss, was die Sprache nicht gerade leichter macht. Trotzdem belustigen sich die Brasilianer so wie andere Ausländer häufig über die langen Konstruktionen im Deutschen.

Das Wort Schafstall kann im Deutschen jeder leicht verstehen. Wer es kennt, weiß, dass man es nur für einen Stall für Schafe verwendet, nicht jedoch für einen von Schafen erbauten Stall oder aus

Schafen bestehenden Stall oder einen Stall in Schafsform. Das kann man sich auch als Ausländer leicht denken, denn diese Möglichkeiten geben ja eigentlich auch keinen Sinn.

Milchschokolade besteht aus Milch, aber Kinderschokolade besteht nicht aus Kindern, wie vielleicht ein Kannibale freudig annehmen könnte. Also manchmal muss man eben wissen, was das zusammengesetzte Wort bedeutet. Ein Steinhaus ist ein Haus aus Stein, ein Schokoladenhaus ist ein Haus aus Schokolade, aber eine Eisdiele ist keine Diele aus Eis. Es gibt in der Arktis ein Hotel aus Eis, ich weiß nicht, ob man es auch als Eishotel bezeichnet, ein Eishaus ließe Zweifel hinsichtlich der Bedeutung. Daher muss man das Wort in diesem Falle auch im Deutschen das Wort Iglu lernen und verwenden, denn auch Versuche, es durch „eisiges Haus" oder ähnlich zu ersetzen, können keine Klarheit schaffen.

Im Portugiesischen müssen daher ohne die vielen zusammengesetzten Worte viel mehr Spezialausdrücke gelernt werden. Ein Schafstall ist entweder Aprisco oder Redil, aber das Problem ist, wenn man die Worte lernt, dauert es oft Jahre, bis man einmal einen Schafstall sieht und sie anwenden kann. Und dann weiß man nicht, welches der beiden Worte geläufig oder zumindest bekannt ist. Und in diesem Falle würde man feststellen, dass die Mehrheit weder das eine noch das andere kennt. Sie sagt einfach „Stall für Schafe", was in diesem Fall ja auch tatsächlich klar und auch relativ kurz ist.

Um portugiesisch zu lernen kaufte ich mir ein Lehrbuch und las die dreißig Lektionen. Die Vokabeln schreibe ich beim Lernen immer gleich auf kleine Zettel, um eine Vokabelkartei herzustellen. Dazu eignen sich kleine Kästchen, in die man die Kärtchen hineinsteckt. Das Papier der Kärtchen sollte nicht zu dünn sein, damit es nicht verdirbt, unter anderem kann man alte Wahlplakate zerschneiden oder einfach 100-Gramm-Papier oder 120-Gramm-Papier kaufen. Ich selbst mache die Kärtchen viel kleiner, als die im Handel verkauften Vokabelkarteien. Denn dann kann ich sie jederzeit bei mir tragen und am Strand, in der Schlange beim Supermarkt usw.

lernen, und wenn die Schlange kurz ist und man nur zwei oder drei Worte schafft, bleiben diese dann desto besser im Kopfe hängen. Das Selbstanfertigen der Kartei hat zudem den Vorteil, dass man beim Schreiben gleich lernt und dass man exakt die Worte aus dem Lehrbuch hat. Später kann man sie natürlich jederzeit erweitern.

Für den Grundwortschatz braucht man 2000 Vokabeln, da die Lehrbücher aber immer zufällig auch einige seltenere Worte verwenden, hat man nach dreißig Lektionen meistens etwa 2500 Vokabeln. Wenn man plant, mehr zu lernen, sollte man versuchen, die Worte etwas zusammenzufassen. So kann ein Engländer, der deutsch lernt, auf der Vorderseite schreiben: Beautiful, Beauty, to make beautiful. Oder einfach: Beauty und abgeleitete Formen. Auf der Rückseite ständen dann schön, Schönheit, verschönen, verschönern, und für fortgeschrittene Lerner vielleicht auch schönen und beschönigen.

Dazu müsste der Ausländer sich notieren, dass Schönheit weiblich ist, oder er notiert gleich „die Schönheit", und man sollte notieren, dass die Verben transitiv sind, also ein Akkusativobjekt fordern. Bei „erinnern" muss er unbedingt dazuschreiben, dass es „sich erinnern" heißen kann, und dass in dem Falle danach das Genitivobjekt oder die Präposition „an" verwendet werden.

Diese zusätzlichen Informationen kriegt man natürlich nicht gleich mitgeliefert, wenn man etwa das einfache Wort „schön" in einer der ersten Lektionen lernt und müssen dann später hinzugefügt werden. Da man das Kärtchen dann meistens nicht wiederfindet, bleibt oft nur, ein neues, kompletteres anzulegen. Wenn man das alte dann in die Hand bekommt, schmeißt man es weg. Man muss die Vokabeln ja immer wiederholen. Dazu liest man die Vorderseite und gibt die Antwort, die man dann mit der Rückseite vergleicht.

Mit der Zeit verteilen sich die Karten auf fünf oder sechs Rubriken, die man mit farbigen Kärtchen trennt. Die am besten gekonnten Worte wie Haus (house) oder Katze (cat) werden im fünften oder sechsten Bereich sein. Mit solchen Worten braucht man sich dann nur noch höchst selten zu befassen, vielleicht kontrolliert man sie noch nicht einmal mehr einmal im Jahr. Sie sind ein für alle Mal sicher gelernt. Dafür konzentriert man sich auf die ersten Bereiche.

Pro Tag kann man, je nach Training, 50 bis hundert Vokabeln lernen. Wenn man etwa fünfzig Vokabeln aus dem dritten Bereich entnimmt und sie durcharbeitet, wird man vielleicht etwa 35 Vokabeln wissen. Diese rücken dann ins vierte Fach vor. Die anderen kehren gnadenlos ins erste Fach zurück. Einzelne hartnäckige Fälle wie die Worte aus dem ersten Fach kann man dann langsam in sich aufnehmen, indem man sie sich beim Frühstück neben sich legt oder ab und an während eines Fußballspieles darauf blickt, bis man sie nicht mehr vergessen kann. Bewährt hat sich auch, beim Lernen Musik zu hören, vorzugsweise barocke Instrumentalmusik, oder, falls mit Gesang, in einer Sprache, die man nicht versteht.

Natürlich kann man zusätzlich noch Sätze bilden, um sich die Vokabel besser zu merken, aber keine faden Sätze aus Lehrbüchern, sondern Sätze mit Witz, persönlicher Bedeutung oder auch gemeinem oder gar sexistischem oder vulgärem Sinn. Solche Sätze bleiben natürlich dann im Gedächtnis. Wenn beispielsweise ein Ausländer einen Satz formt, um das deutsche Genitivobjekt zu studieren und schreibt „Ich erinnere mich der rasierten Muschi der Popsängerin X.", dann wird er wohl, sofern er ein Bild dieser Sängerin in Erinnerung hat, schwerlich den Satz vergessen. Wie gesagt, er muss aber nicht vulgär sein, er kann auch aus dem persönlichen Erfahrungsbereich stammen. Wichtig ist, dass er möglichst starke Bilder in uns assoziiert. So könnte ich zum Beispiel gut mit dem Satz leben „Ich erinnere mich des Ausdrucks des Dirigenten Karajan während der Neunten Sinfonie von Bruckner." Dieser Satz würde aber in den Meisten gar keine Emotion auslösen. Wer hingegen das Endspiel der Fußballweltmeisterschaft 2014 Deutschland gegen Argentinien gesehen hat, könnte sicherlich gut dem Satz zustimmen: „Ich erinnere mich des erlösenden Tores Götzes in der 120. Minute." Wer daher Fantasie hat, forme seine eigenen Sätze. Weder die persönlichen noch die vulgären oder erotischen kann ein Lehrbuch anbieten.

Mit der Zeit las und studierte ich ein ganzes portugiesisches Wörterbuch aus Brasilien mit 20.000 Worten, also kein sehr dickes Buch. Es gibt ja auch solche mit 100.000 Worten, von denen man die meisten selbst in der Muttersprache nicht kennt, da sie aus Fachgebieten wie der Mineralogie oder Medizin stammen. Die Worte passten nicht alle auf die Kärtchen, obwohl ich viele Worte einer Familie auf ein Kärtchen geschrieben habe, sodass meine 4000 Kärtchen gut 10.000 Worte umfassen. Damit die Kärtchen in zwei Kästchen passen, wollte ich die Anzahl auch nicht mehr erweitern. So versuchte ich, die anderen so zu lernen. Sie sind daher eher passiv im Kopf, also erinnere ich mich zwar an die Bedeutung, wenn ich das Wort lese, aber wenn ich es aktiv benutzen will, fällt es mir vielleicht nicht ein und muss es umschreiben; statt Doge sagt man eben „Bürgermeister von Venedig".

Die Kenntnis so vieler Worte erleichtert das Lesen von Büchern ungemein. Die Brasilianer sind nicht sehr belesen, und viele kennen viel weniger Worte als ich, so dass ich von meinen brasilianischen Freunden oft nach Bedeutungen gefragt wurde, wenn diese etwas lasen, was sie nicht kannten. Andererseits benutzen sie oft Worte, die kurzfristig erfunden werden und in keinem Lexikon zu finden sind. Mit der Kenntnis so vieler Worte kommt auch das Problem der Synonyme.

Für manche Dinge gibt es in den Sprachen mehrere Worte. Für Tierarzt kann man auch Veterinär sagen, und oftmals gibt es noch viel mehr Worte. Die Bickbeere heißt auch Blaubeere, Heidelbeere oder Waldbeere. Es gilt als stilistisch gut, wenn man nicht stets das gleiche Wort benutzt. So beschrieb ich oben meine Vokabelkartei und bezeichnete die einzelnen fünf oder sechs Abteilungen als Rubrik, Fach oder Bereich. Wenn es keine zweite Bezeichnung gibt, soll man poetisch eine erfinden. So nennt man Bier das Gerstengetränk oder das schäumende Nass usw. Wenn man aber mehrere Worte gelernt hat, so hat man die Qual der Wahl, wenn man es nur einmal gebrauchen will. Wenn ein Ausländer, der gut deutsch kann, einen kranken Hund hat, fragt er: Wo ist denn hier ein... und dann überlegt er. Sagt man Tierarzt oder Veterinär? Klingt Veterinär vielleicht zu hochtrabend, oder ist das Wort vielleicht gar nicht bekannt. Oder klingt Tierarzt vielleicht kindlich oder altmodisch? Er weiß es nicht, denn darüber informieren die Wörterbücher nicht. Aber er kann nicht einmal darüber nachdenken, denn man kann ja nicht mitten im Satz eine längere Pause einfügen. So muss er schnell und willkürlich das erste beste benutzen.

Wer im Deutschen etwas schnell anfertigt, damit es erst einmal fertig ist, ohne dass es besonders gut geworden ist, nennt es ein Improvisum. Wenn man das Wort nicht sagen will, muss man es eben „eine improvisierte Sache" nennen. Kritisch könnte man es manchmal auch Pfusch nennen. In Brasilien stehen dafür fünf Synonyme zur Verfügung. Als ich über etwas berichtete, was ich nur provisorisch und schnell gemacht hatte, benutzte ich Atabalhoamento, eines dieser Worte, und wiederholte es im Gespräch, bis mein Partner nachfragte, was das denn sei. Um es zu erklären, benutzte ich die Synonyme, so wie man Veterinär mit Tierarzt oder Hexe mit Zauberin erklären kann. Aber er kannte keines der fünf Synonyme, obwohl er Pastor und somit ein studierter Mann war. So umschrieb ich es und er rief: „Ah, du meinst Gambiarra."

Ich sagte: „Was, Gambiarra ist doch eine aufgespannte Lichterkette, die man vor oder über Theaterbühnen aufhängt."

Der Pastor stutzte und dachte kurz nach: „Stimmt, das habe ich auch schon mal gewusst. Aber in dem Sinne benutzt keiner das Wort. Wenn man keine richtigen Deckenscheinwerfer hat, sondern eine Bühne irgendwo improvisiert, kann man Lampen an einer gespannten Kette aufhängen. Aber das kennt keiner so. Gambiarra benutzt man jedoch viel, wenn es sich um etwas Improvisiertes handelt. Und darin sind wir Brasilianer gut. Wir machen viele Gambiarras."

Ich habe zum Beispiel auch drei Worte für Vogelfalle gelernt: Arapuca, Arataca und Esparrela. Das ist natürlich nützlich, wenn ich Bücher lese; falls einmal eines der drei auftauchen sollte, werde ich es erkennen. Für das aktive Sprechen ist es weniger nützlich. Wenn ich eines Tages zum Beispiel einem Brasilianer erzählen wollte, wie das Deutsche Reich seinen Anfang nahm und erzählte, wie Herzog Heinrich die Königswürde erhielt, als er gerade am „Vogelherd" saß, müsste ich mich entscheiden, welches der drei Worte ich verwenden wollte. Falls ich mich dann überhaupt noch der drei Worte erinnern sollte. Aber falls ich mich erinnere, kann es sein, dass ich gerade eines auswähle, welches kein Brasilianer kennt. Da wäre es vielleicht einfacher, wenn ich nur den Grundwortschatz kennen würde, dann müsste ich nämlich „Armadilha para passaros" sagen, was auf Deutsch „Falle für Vögel" oder eben „Vogelfalle" oder altertümlich „Vogelherd" bedeutet. Man sieht auch hier übrigens, wie die zusammengesetzten Worte das Leben erleichtern. Vogelfalle versteht jeder, und selbst Vogelherd kann man, vor allem im richtigen Zusammenhang, leicht erraten. Die drei brasilianischen Worte aber werden selbst viele Brasilianer nicht verstehen.

Ein ähnliches Beispiel ist das Wort Erzader, das sich im Deutschen leicht verstehen lässt, sofern man die beiden Bestandteile Erz und Ader kennt. Im Brasilianischen hingegen gibt es vier Synonyme: Filão, Fieira, Jazida und Veio, alles Worte, die man völlig neu lernen muss, und kein Wörterbuch informiert darüber, welches das gebräuchlichste ist, so dass man sich willkürlich für eines entscheiden oder eben alle vier im Kopf parat haben muss. Fragt man die Brasilianer danach, welches der Worte das gebräuchlichste sei, werden sie die Antwort nicht kennen, selbst wenn es sich um studierte Leute handelt, und viele kennen keines der vier Worte.

Bei meiner Übersetzungsarbeit im Büro meines Freundes im Senat und seiner lasziven Mitarbeiterinnen musste ich dahingegen die Synonyme gut kennen, denn die Texte enthielten meistens Reime. Und um diese zu konstruieren muss man manchmal ein Wort durch ein anderes ersetzen, und mit Synonymen hat man natürlich mehr Möglichkeiten. Dabei gibt es immer Worte, die so alt oder selten sind, dass man nicht weiß, ob man sie noch verwenden sollte. Oder sie haben eine vulgäre Nebenbedeutung. In solchen Fällen muss man dann natürlich Brasilianer befragen. Mein Freund im Senat gehörte zu denen, die gut belesen waren und von daher ein sicheres Sprachgefühl haben. Unter anderem stand im deutschen Text „Jesus, mein liebster Freund". Da das Wort Freund (amigo) im Portugiesischen nicht endbetont ist, kann man es in dem Gedicht, das hier Grundlage einer Vertonung war, nicht am Ende lassen. Es ließ sich in diesem Falle aber auch nicht vorziehen, da die Musik sich durch einen besonderen Ausdruck darauf bezog, so dass ich das Wort amigo durch amigão (Großer Freund, auch als Koseform wie etwa Freundchen, Busenfreund) ersetzen wollte. Im Deutschen würde ich natürlich zu Jesus weder Freundchen noch Busenfreund sagen, aber im Brasilianischen hatte ich natürlich nicht dieses Sprachgefühl. Mein Freund im Senat bestätigte mir dann, dass Amigão tatsächlich nicht passend wäre.

Es ist übrigens sehr interessant und aufschlussreich, in welchen Bereichen eine Sprache die meisten Synonyme hat. Wie schon gesagt, wundert es wohl keinen, dass die Eskimos zwanzig Begriffe für Schnee haben. Das Deutsche soll laut meiner ausländischen Freunde, die Deutsch gelernt haben, auffällig viele Synonyme in Bereichen wie Recht und Ordnung haben.

Allerdings ist das nicht ganz richtig, denn sowohl das Deutsche als auch das Portugiesische und auch andere Sprachen haben mit Abstand die meisten Synonyme für das Wort Vagina. Im Portugiesischen sind es laut Liste im Playboy über hundert, die Wörterbücher im Internet kommen nur auf an die siebzig, aber ein privater Blog kommt auf 360. Danach kommt dann mit beträchtlichem Abstand das Wort Penis.

Das mag daher kommen, dass diese beiden Objekte aus Anstandsgründen in fast allen Sprachen oft umschrieben werden, so wie man dem Teufel besonders früher ja auch andere Bezeichnungen gibt, und andere erfinden aus Lust neue Worte, andere um herabzusetzen und zu beleidigen. Andere Worte aus dem Bereich wie

Hintern, Busen, Klitoris oder Hymen haben aber nur wenige Synonyme.

Was aber kommt danach wohl? Für unmoralisch, lasziv oder versaut gibt es im Portugiesischen über vierzig Synonyme und für Schuft gibt es ebenfalls über 40 Begriffe und ebenso für Prostituierte, Nutte oder Strichmädchen, wobei in diesem Falle etliche nur regional benutzte Worte mitgerechnet sind. Für Schuft benutzt man im Deutschen mangels vieler Alternativen oft andere Worte wie: „Du bist ein Ekel" oder konstruiert ein Wort wie Perversling oder Miststück oder substantiviert Adjektive: Ein Perverser. Für listig, hinterlistig oder hinterfotzig gibt es gut zwanzig Begriffe, für verprügeln, durchprügeln, auspeitschen und auch für die dazugehörigen Hauptworte gibt es sogar über zwanzig Worte; für Stolz, Eitelkeit oder Hochmut gibt ebenfalls es über 20 Worte. Ferner gibt es auch eine Reihe von Worten für Betrug sowie für Erschöpfung, für Ohnmacht und auch für Tadel und tadeln und schließlich auch für „nichts" oder „fast nichts", „ein bisschen". Und natürlich gibt es viele Worte für einen Tölpel, Trottel oder Esel, ferner für eine schöne Frau und auch für eine hässliche Frau oder allgemein hässliche Person.

Eine Möglichkeit, zu erfahren, wie geläufig ein Wort ist, ist auch die Suche bei Google. Sie gibt Auskunft darüber, wie oft das Wort im Internet zu finden ist. Aber Vorsicht! Man muss genau hingucken. Das Wort Meier ist nicht deshalb so häufig, weil der Beruf so beliebt ist, sondern weil viele Menschen mit Nachnamen Meier heißen. Das portugiesische Wort „mia" (miaut) ist nicht deswegen so häufig, weil die Brasilianer so viel über Katzen schreiben, sondern weil es auch im Italienischen vorkommt und schlicht „mein" bedeutet sowie ferner ein internationaler Mädchenname ist. Das deutsche Wort Sage ist erscheint deshalb so oft, da es auch von dem Verb „sagen" die Form „sage" gibt; ferner existiert das Wort auch in anderen Sprachen. Viele ansonsten seltene Worte können auch geografische

Begriffe sein. Daher muss man aufpassen und die Suche gegebenenfalls enger definieren, und in einigen Fällen lässt sich die Antwort gar nicht finden, da die Überlagerung zu stark ist.

Kehren wir noch einmal zu der Familie von Rayane, Valcenira und Ireni zurück. Valcenira wurde eines Tages gläubig und evangelisch und lernte wenig später einen holländischen Lehrer kennen, der geerbt hatte und sich dann bereits mit 55 frühzeitig wegen einer Krankheit oder angeblichen Krankheit hatte pensionieren lassen und in Brasilien lebte. Sie zog mit ihm zusammen und bekam noch zwei niedliche braune Mädchen von ihm. Auch ihr ältester Sohn Alberto, der eigentlich beim Vater lebte, kam jetzt öfter, und er mochte den Holländer sehr gerne. Manchmal blieb er einige Tage dort.

Valcenira, die selbst noch manchmal Prügel von ihrer Mutter bekam, schlug ihre Kinder, besonders natürlich die beiden älteren Jungen, mit der Hand und auch mit ihren Plastiklatschen, aber so fest sie auch zuschlug, keiner der beiden weinte jemals. Beide Jungs waren vom leiblichen Vater her schon gut auf das Leben in der Favela vorbereitet, sie waren sehr kräftig, selbst der kleine fünfjährige konnte bereits mehr als zehn Liegestützen. In seiner neuen Umgebung war der Kleine der Schreck der anderen, mittelständischen Kinder, denen er weit überlegen war, denn aus der Favela war er es gewohnt, nichts einzustecken und sich zu wehren. Alberto war etwas zurückhaltender, denn er war ja nur zu Besuch, wenn er beim Holländer war.

Eines Tages machte er jedoch etwas Ungezogenes, und der Holländer, der Valceniras Erziehungsmethoden kannte und daher wusste, dass bloßes Reden ihn wenig beeindrucken würde, haute ihm eine runter. In Brasilien ist das Schlagen von Kindern auch verboten, das Verbot wird aber in den Familien nicht sehr beachtet. Alberto sagte auch nichts, sicherlich wusste er auch gar nichts von dem Gesetz, aber schwerlich hätte er es wegen einer Ohrfeige mit dem Holländer verdorben. War doch sein Traum, auch bei ihm und der

Mutter zu leben, und daher sagte er sogar Vater zu ihm, was Valcenira ihm immer verbot, aber von dem Holländer mit nachsichtigem Lächeln hingenommen wurde.

Wenig später ging Alberto zum Spielen auf die Straße. Die Straße war eine Sackgasse, deshalb durften die Kinder der Anwohner auf der Straße spielen, sofern irgendein Nachbar als Aufsicht dabei war. Entweder spielten alle zusammen Völkerball, oder die Jungs spielten Fußball und die Mädchen spielten etwas Anderes. Er war noch nicht allen Kindern bekannt, und so fragte ihn ein Mädchen, wer er sei. Er antwortete, er sei der Sohn des Holländers. Das Mädchen sagte, der Holländer habe keinen so alten Sohn, aber Alberto beteuerte seine Version.

Da kam der Holländer aus dem Haus, und gleich sprach das Mädchen ihn keck an. „Ist das Ihr Sohn?" Der Holländer stutzte, dann aber sah er die Augen Albertos, und kapierte, was wohl vorgegangen war, und um Alberto einen Gefallen zu tun sagte er: „Ja."

„Uau", staunte das Mädchen, und dann sagte sie zu Alberto anerkennend: „Das hätte ich nicht gedacht. Dann schlägt er dich also auch?"

Da erinnerte sich Alberto an die Ohrfeige, und ein breites Lächeln glitt über sein Gesicht, und voller Nachdruck und Freude sagte er: „Ja."

Der Holländer hatte keine Hemmungen, auch die Favela zu betreten und auch Valcenira zu begleiten, wenn diese ihre Mutter besuchte. Die Kinder von Ireni waren immer noch überwiegend im Haus der Oma. Einer ihrer kleinen Jungen war nicht einmal mit Geburtsurkunde registriert, und er müsste zur Schule kommen, nur dass er offiziell gar nicht existierte. Er war im Krankenhaus zur Welt gekommen, aber in der Bescheinigung war der Name der Mutter falsch geschrieben: Irene statt Ireni. Daher hatte das Standesamt (bzw. in Brasilien übt diese Funktion ein Notariat aus) die Geburtsurkunde nicht ausgestellt. Valcenira war empört über das Standesamt, aber vor allem über die Lethargie ihrer Schwester, die sich um nichts kümmerte. Ireni klagte: „Ich müsste wieder zum Krankenhaus und eine neue, korrigierte Bescheinigung erbitten. Wie soll ich als Mutter von neun Kindern das machen?"

Valcenira erbot sich, auf die Kinder aufzupassen, aber Ireni wollte trotzdem nicht und meinte, das Krankenhaus sei zu weit. Da forderte Valcenira die alte Bescheinigung und Irenis Personalausweis und machte sich auf den Weg, zusammen mit dem Holländer und den drei Kindern, die immer bei ihr lebten. Sie fuhren zum Notariat, wo man ihnen bestätigte, dass sie eine neue Bescheinigung bräuchten. Daraufhin fuhren sie zum Krankenhaus und holten eine neue Bescheinigung. Damit fuhren sie zurück zum Notariat. Valcenira musste sich bei alldem als Ireni ausgeben, denn nur die Mutter kann ein Kind eintragen, jedoch Ireni war dazu zu träge. So zeigte Valcenira Irenis Ausweis. Sie sehen sich zwar nicht sehr ähnlich, aber der Mitarbeiter im Notariat schöpfte keinen Verdacht.

Dann fragte der Notar: „Und die Unterschrift des Vaters?" Valcenira antwortete kurz entschlossen: „Mein Mann sitzt draußen." Dann lief sie vor das Haus, wo der Holländer mit den Kindern wartete und erklärte ihm, dass jemand als Vater unterschreiben müsse damit der Junge zur Schule gehen könne. Der Holländer wollte gerne behilflich sein und unterschrieb. Danach bekamen sie die Geburtsurkunde und der Junge konnte eingeschult werden.

Zwei Jahre später trennten sich Valcenira und der Holländer. Der Holländer heiratete ein Jahr später eine andere brasilianische Frau. Als diese von der gefälschten Urkunde hörte, fand sie das nicht richtig und erkundigte sich bei einem Rechtsanwalt, der ihr bestätigte, dass das als Urkundenfälschung gelte, aber sicherlich nicht zu einer richtigen Strafe führen würde, wenn es herauskäme. Aber die Gefahr lauere an anderer Stelle: Der falsche Sohn sei erbberechtigt und überdies hafte der Vater, falls der Sohn einen Schaden verursache, zum Beispiel durch einen Unfall oder gar eine kriminelle Handlung.

Die neue Frau bot Ireni Geld, damit man sich vergleiche und die Vaterschaft vor Gericht nach einer DNA-Probe o.a. aberkannt werde. Jedoch, vor Gericht erklärte die Richterin, dass das Kind sich schon daran gewöhnt habe, einen Vater zu haben, und das Kindeswohl gehe immer vor. Der Holländer wandte ein, dass das Kind ihn kaum kenne, aber die Richterin entgegnete, dass das nichts zur Sache tue und blieb bei ihrer Meinung. So wurde die Vaterschaft amtlich festgeschrieben und obendrein setzte die Richterin Alimente fest, die der Holländer nun bezahlen muss.

Rayane lebte indessen immer noch mit dem Maurer und bekam ihr Leben in den Griff. Sie vermied es, gleich mit 13 oder 14 schwanger zu werden. Eine Hilfe hatte sie in ihrer sehr netten Vermieterin. Ihr Wohnviertel war eine kleine Insel mitten in der Stadt, die von einem Abwassergraben umgeben war, der einstmals ein natürlicher Bach war. Es war keine richtige Favela, daher gab es auch viele kleine Mietswohnungen, und die Vermieterin wohnte in einem Haus, auf dem ihr verstorbener Ehemann mit der Zeit Stockwerke aufgestockt hatte, die vermietet waren. Im Erdgeschoss befand sich zudem ein winziges Geschäft, ein Tante Emma-Laden, wie man früher in Deutschland die Läden auf den kleinen Dörfern nannte.

Der Graben war nicht groß, und viele Auswärtige wussten gar nicht, dass es eine Insel war, so wie man es ja auch in Städten wie Lübeck nicht gleich bemerkt. Das Viertel war aber nur über sechs Brücken zugänglich, und nur zwei Brücken waren für Autos passierbar. Auf der Insel war der Verkehr ruhig, und die Kinder konnten auf der Straße spielen und Fahrrad fahren. Wie schon berichtet, gibt es außer der Straße gewöhnlich keinen anderen Platz. Es gibt keine freien Plätze, meistens keine Spielplätze, und eventuell unbebaute Grundstücke sind mit Kräutern und Buschwerk überwuchert und werden missbraucht um Schutt und Müll abzulagern.

Die Grundstücke selbst sind winzig, zwischen 20 und 150 Quadratmetern, so dass es auch niemanden gibt, der die Kinder der Nachbarschaft zum Spielen einladen kann. Die Vermieterin hatte 70 Quadratmeter, und praktisch alles bebaut.

Sie hieß Rosangela und war eine herzensgute Frau. Ihre Eltern waren arme Landarbeiter, die bei einem großen Farmer dienten. Damals war der Landbesitzer noch ein bisschen wie ein Gutsherr, der seine Angestellten wie Leibeigene behandelte, ihnen großzügig eine Hütte und einen Garten gab, sie aber ansonsten fast wie Sklaven hielt, nur dass diese Lohn bekamen, den sie aber ganz für Lebensmittel und das Notwendigste fürs Leben ausgeben mussten. Wären sie wirklich Sklaven, erhielten sie statt eines Lohnes in Geld gleich Nahrungsmittel, Kleidung und eventuell einmal eine ärztliche Versorgung. Außerdem hätten sie geschlagen werden dürfen, und die Frauen und Mädchen wären auch sexuell ihrem Besitzer ausgeliefert.

Allerdings gab es auch Farmer, die ihre Landarbeiter schlugen, wenn auch natürlich nicht nackt auspeitschten, und die deren Töchter missbrauchten.

Als Rosangela gerade neun war, kam der Farmer vorbei und sagte, dass die Hütte von dem Landarbeiter ziemlich klein für dessen Familie sei und deshalb nehme er die älteste Tochter Rosangela mit ins Farmhaus. Der Landarbeiter wagte keinen Einspruch, Rosangela weiß nicht einmal, ob er eigentlich gegen die Wegnahme des Kindes war oder ob es ihm egal war, oder ob er womöglich dachte, es sei ein Vorteil für Rosangela.

Und sie wusste auch nie so recht, ob sie eigentlich bei dem Farmer als Tochter oder als Dienerin war, denn zwar ging sie mit den vier Kindern des Farmers zusammen zur Schule und auch zur Kirche, und der Farmer stellte sie in der Kirche als Adoptivtochter vor, aber im Hause musste nur sie einen großen Teil der Hausarbeit machen, nicht aber die anderen beiden Töchter des Farmers. Aber so lernte sie arbeitsam und fleißig zu sein.

Sexuell belästigt wurde sie weder von dem Farmer noch von dessen Söhnen, in der Hinsicht war sie wie eine Tochter geschützt, aber als der Farmer starb, erbte sie nicht einen Pfennig. Sie nahm es aber nicht schwer und hielt nach wie vor einen guten Kontakt zu ihren

Stiefgeschwistern, heiratete, arbeitete viel und hatte vier Kinder. Ein Sohn starb als Kind an einer Krankheit, der andere Sohn wurde mit 19 von einem Drogendealer erschossen, vermutlich hatte er selbst etwas mit Drogen zu tun gehabt, aber darüber kann Rosangela nichts sagen. Eine Tochter wurde Prostituierte und ließ sich anwerben, in Spanien anzuschaffen, aber als sie dort ankam, erklärte man ihr, dass sie 24.000 Euro Schulden habe wegen der Kosten der Flüge, der Papiere und vielem mehr, und so muss sie vorerst bleiben und die Schulden samt hohen Zinsen abarbeiten. Nur die jüngste Tochter machte ihren Weg, war gut in der Schule und schaffte die Aufnahmeprüfung an einer staatlichen, also kostenlosen Universität und studiert Physiotherapie. Als Rosangelas älteste Stiefschwester einige Jahre später ernsthaft krank wurde, rief diese Rosangela an und bat sie, sich um sie zu kümmern. Die leiblichen Geschwister hatten keine Zeit oder wollten sich nicht kümmern, und die Frau hatte keine Kinder. Damals war Rosangela schon Witwe, die Kinder waren außer Haus, und so pflegte sie die ältere Schwester drei Jahre bis zu ihrem Tode wie eine wirkliche Schwester.

Rosangela hatte ihren Mann mit 14 kennengelernt. Als das Mädchen etwa zehn gewesen war, begann ihr Stiefvater damit, eigene Kühlautos zu kaufen und das von ihm produzierte Fleisch auf den Wochenmärkten der Städte zu vermarkten. Dazu nahm er immer die Frau eines Landarbeiters, einen seiner Söhne und Rosangela mit, um Helfer beim Verkauf zu haben. Neben ihrem Stand befand sich meistens ein Stand mit Gemüse, und der gehörte einer deutschstämmigen Familie, genauer gesagt, einer pommerschen Familie. Die Pommern sind die stärkste Gruppe unter den deutschen Auswanderern, und sie leben schwerpunktmäßig in einigen Regionen im Süden sowie im Bundesstaat Espirito Santo, etwa 500 km nordöstlich von Rio. Dort gibt es die Stadt Santa Maria de Jetibá, die sich stolz die pommerschte Stadt Brasiliens nennt. Und in der Nähe dieser Stadt lag der Hof des Gemüsebauern. Als Rosangela 14 war, begann Waldemar, der Sohn des Gemüsestandbesitzers, der damals 17 war, sich nach ihr umzudrehen, und ein Jahr später funkte es zwischen den beiden. Es traf sich gut für sie, dass der Sohn damals manchmal ohne den Vater den Marktstand betrieb, denn so konnten die beiden sich ungestörter annähern. Als Rosangela 16 war, sprach der junge blonde pommersche Bauernsohn von Heirat, und eines Tages stellte er Rosangela seinen Eltern vor. Die Aufnahme war allerdings frostig, denn besonders sein Vater wollte nichts von einer Schwiegertochter mit dunkler Haut wissen. Sie hatte anscheinend schwarze, weiße und wohl auch indianische Vorfahren, aber so genau wusste das keiner.

Als Rosangela wieder weg war, sagte der Vater klipp und klar, dass er blonde Enkelkinder wolle, so wie die meisten Nachbarn auch, und erwarte, dass sein Sohn das sicherstelle. Aber der Sohn pries die Vorzüge seiner Geliebten und beschloss, sie wieder mitzubringen, damit seine Eltern sich an sie gewöhnten. Aber als Rosangela erneut erschien, ließ sich der Vater gar nicht erst sehen. Die Mutter, eine sehr zurückhaltende Frau, wusste nicht, wie sie sich verhalten sollte. Sie wollte ihrem Sohn nicht wehtun, aber auch nicht gegen ihren Mann agieren. So merkte Rosangela, dass sie in dieser Familie wenig Zukunft haben würde. Da erschien ein Cousin und sagte, der Vater des Vaters, der betagte Senhor Ernesto, lade alle zum Kaffee ein.

Rosangela wollte gar nicht mitgehen, aber der Cousin bestand darauf, dass auch sie mitkomme. Dem alten Opa waren die Dinge nämlich zu Ohren gekommen und er wollte sich selbst informieren. Deshalb stellte er Rosangela einige Fragen, um sie kennenzulernen. Und es dauerte nicht lange, dann unterhielt sich der Opa mit ihr recht angeregt, und später auch mit Waldemar und anderen, die eine Runde bildeten. Nur Waldemars Vater hielt weiterhin missmutig Abstand, obwohl er auch beim Kaffee zugegen war.

Schließlich sagte der Opa, dass Waldemar, Rosangela und Waldemars Eltern ihm in ein anderes Zimmer folgen sollten, und dort fragte er die jungen Leute ob es ihnen ernst sei und sie heiraten wollten. Als diese bejahten, sagte der Opa, dass er sehr froh sei, dass

Waldemar so eine treffliche Frau gefunden habe. Dann fragte er seinen Sohn um seine Meinung.

Nachdem dieser die Meinung des Opas bereits gehört hatte, passte er sich an und sagte kleinlaut, dass er nichts dagegen habe. Seine Frau sagte das Gleiche, aber als der Großvater den beiden seinen Segen durch Handauflegen gegeben hatte, gab sie sich einen Ruck und umarmte die beiden jungen Leute herzlich. Der Vater beließ es bei einem Händedruck, aber fortan war die Schwiegertochter akzeptiert.

Auf einem Teil des Landes des Vaters, das noch unbebaut war, bauten Waldemar und Rosangela Gemüse an, und mit der Zeit errichteten sie ein Häuschen oder, besser gesagt, eine Hütte. Am tiefsten Punkt ihres Landes legten sie einen Teich an, um immer Wasser zum Anbau zu haben. Das Land war hügelig, und so mussten sie viele Schläuche die Hänge hinauf verlegen, und zur Bewässerung musste das Wasser aus dem Teich hinaufgepumpt werden.

Die Tage waren lang, und der Anbau geht in Brasilien das ganze Jahr hindurch. In einem primitiven Unterstand zogen sie die Setzlinge, und dann mussten diese auf den Hängen ausgepflanzt werden. Und morgens um 2 oder 3 Uhr musste der Salat geerntet werden, meistens mit klammen Fingern, denn die Nächte sind kühl im Bergland, besonders für einen Brasilianer. Man musste wegen der Dunkelheit Helme mit Lampen benutzen, wie man sie aus dem Bergbau kennt. Dann fuhr entweder Waldemar oder sein Vater den Kleinlaster in die Hauptstadt Vitoria, um ab 5 Uhr auf dem Wochenmarkt die Ernte aus beider Höfe und noch von einem weiteren Nachbarn zu verkaufen. An Tagen, an denen kein Markt war, lieferten sie das Gemüse an einer Kooperative ab, wo die Supermärkte und Großverbraucher sich eindeckten.

Am Sonnabend war der wichtigste Markt, und um dort seinen Standplatz zu sichern und morgens ab 5 Uhr bereit zu sein, fuhren sie immer schon Freitag abends in die Hauptstadt, bauten alles auf und schliefen im Lastwagen und im Stand. Vor dem Schlafengehen oder gleich ganz früh morgens wurden schon alle Vorbestellungen zusammengestellt, damit es am Tage schneller ginge, wenn die Kunden Schlange machten.

Damals ging Rosangela mit ihrem Mann zur lutherischen Kirche, so wie fast alle ihre Nachbarn, und mit der Zeit sang sie im Chor mit und war Kindergottesdiensthelferin. Rosangela hatte einen zwölfwöchigen Kurs besucht und war dann Mitglied geworden. Der Pastor bediente etwa 700 mehrheitlich pommernstämmige Gemeindemitglieder in vier Dörfern und musste am Wochenende vier Gottesdienste halten. Daher war der Gottesdienst in Rosangelas Dorf entweder sonntags morgens, nachmittags oder abends, oder sogar sonnabends um 19 Uhr, immer abwechselnd, damit jedes Dorf auch einmal in den Genuss käme, einen Gottesdienst am Sonntag Vormittag zu haben.

Der Markt ging offiziell bis 13 Uhr, aber da Brasilien nicht so genau mit der Uhr lebt, dauerte es immer bis fast 14 Uhr. Danach wurde der Stand eingeräumt, und um 17 oder 18 Uhr waren sie wieder zu Hause. Wenn der Gottesdienst sonnabends war, mussten sie sehr hetzen. Alles ausladen, duschen, sich umziehen, schnell eine Kleinigkeit essen und dann ging es zur Kirche. Meistens mussten sie sehr kämpfen, um nicht während der Predigt einzuschlafen, obwohl der Pastor sehr zupackend und persönlich sprach.

Schwierigkeiten hatte Rosangela manchmal jedoch, weil die Leute auf dem Dorf oft noch pommerisch sprachen. In einigen Grundschulen wird seit Neuestem sogar pommerisch gelehrt, aber dazu mussten die Pommern in Brasilien erst einmal eine Grammatik und ein Wörterbuch anfertigen, denn selbst in Deutschland gibt es diese Dinge nicht. Und Rosangela konnte mit der Zeit nur ein paar Worte pommerisch. Die Kinder wuchsen dagegen ganz automatisch zweisprachig auf.

Aber Rosangela liebte die pommerische Volksmusik auf den Dorffesten, und die mehrtägigen pommerischen Hochzeiten mit alten pommerischen Tänzen. Man kann sagen, dass die pommerische Kultur in Brasilien viel stärker gepflegt wird als in Deutschland.

Aber die viele Arbeit warf wenig ab, und mit der Zeit hatten sie zwei Kinder, die zwar Hilfen sein würden, aber natürlich auch Kosten verursachten. Den Humus für die Setzlinge mussten sie auch immer kaufen, dann ging die teure Pumpanlage nach nur vier Jahren kaputt, und schließlich, nach sieben Jahren, entschloss sich Waldemar, eine Arbeit in der Hauptstadt anzunehmen. Doch kaum hatte er angefangen, als Lastwagenfahrer auf Baustellen zu arbeiten, als er einen tödlichen Unfall hatte. Rosangela kaufte von der Entschädigung das Haus und lebte in ihm mit ihren Kindern und vermietete im Obergeschoss zwei kleine Wohnungen. Da es in dem Stadtviertel keine lutherische Kirche gab, kehrte sie einfach wieder zur katholischen zurück.

Rayane und ihr Mann zogen wenige Wochen vor dem Tod von Rosangelas Stiefschwester in eine der Wohnungen über Rosangela ein und das Mädchen war viel mit dieser patenten Frau zusammen und lernte viel über das Leben. Rosangela gehörte inzwischen zu einer katholischen Erneuerungsbewegung, der charismatischen Bewegung, die versucht, viel von dem, womit auch viele evangelische Kirchen in Brasilien ihre Mitglieder begeistern, auch für die katholische Kirche zu gewinnen: Neue, wirklich gut gespielte Musik mit Bands im Gottesdienst, aktive Teilnahme der Gläubigen, persönliche Glaubenserfahrungen, Gebets- und Gesprächskreise, spirituelle Erfahrungen und vieles mehr. In Brasilien gibt es ohnehin kaum Kirchen mit Orgeln, so dass der Gesang in den großen katholischen Kirchen ohne dieses Instrument oft unbegleitet oder ungenügend begleitet und von schlechter Qualität ist, aber nun mit einer Band so belebt werden soll, wie in den meisten evangelischen Kirchen. Allerdings stehen konservativere Kreise dem Ganzen skeptisch gegenüber, für sie ist das alles zu gefühlsbetont, und der Vatikan weiß nicht, was er davon halten soll.

Für Rayane war es jedoch ein wichtiger Halt und das Schönste war, dass Rosangela auch Rayanes Mann gewinnen konnte, damit er nicht alleine vor dem Fernseher oder in der Bar bliebe, sondern Hand in Hand mit seiner Frau in die Kirche ginge, was diese natürlich sehr liebte. Rayanes jüngere Schwester war ganz anders, dick und wenig von der Natur begünstigt, und zudem gelang es ihr nicht, lesen zu lernen. Als sie 10 war und immer noch in der zweiten Klasse, gab der Holländer ihr Nachhilfe, schließlich war er ihr Onkel und fühlte sich verantwortlich. Sie wusste damals nur die Buchstaben A bis I. Der Holländer konnte ihr in einer Woche „J" beibringen und in der anderen „K" und in der dritten „L" und dachte, es müsse sich eben nur jemand intensiv um das Kind kümmern, was er auch machte, aber so sehr er sich auch mühte, das Mädchen lernte keinen weiteren Buchstaben mehr dazu, als wenn der Kopf einfach mit zwölf Buchstaben voll sei und nichts mehr hineinginge.

Irenis drittes Kind war ein Junge, und der war sehr patent und verkaufte schon manchmal Süßigkeiten oder andere Sachen auf der Straße und konnte auch kleine Reparaturen durchführen. Oft lauerte er vor dem Supermarkt und bot älteren Damen an, ihnen die Tasche zu tragen, wofür er dann auch meistens eine Münze oder etwas Essbares bekam. Rayane holte diesen Bruder zu sich, denn sie wollte ihm helfen, nicht auf die schiefe Bahn zu geraten und die Schule zu beenden und einen Beruf zu ergreifen oder zu erlernen. Sie hatte zwar nur ein Schlafzimmer und der Junge musste in der Küche schlafen, aber auf jeden Fall hatte sie mehr Platz als ihre Mutter und auch die Oma, denn diese hatten ja alle anderen Kinder um sich, und bald darauf nach Valceniras Trennung von dem Holländer lebte auch noch diese Tochter mit den drei Kindern wieder in der Hütte der Oma. Die Uroma starb, und das Geld wurde knapp, und als eines der kleinen Mädchen krank wurde, musste Valcenira einige Tage sogar anschaffen gehen um Geld für die Behandlung zu beschaffen.

Obwohl sie auch in einer großen Stadt wohnte, gab es in dieser keine feste Zone für Prostituierte. In Belo Horizonte gibt es die bereits beschriebene Straße Guaicurus mit den Laufhäusern für 500 bis 1000 Frauen. In Rio und Sao Paulo gibt es entsprechende Stadtviertel sowie früher St. Pauli in Hamburg, in denen sich Tausende Frauen in Bars, Nachtclubs und auf der Straße anbieten. Aber in und um Vitoria gibt es keine solche Zone, und die Frauen stellen sich einfach an den Strand oder an bestimmte Straßen, wo sich üblicherweise so etwas eingebürgert hat. Diese Zonen sind nicht von Zuhältern oder Mafias kontrolliert oder verteilt, so dass sich eine Frau dort für ein oder zwei Tage dazustellen kann. Häufig werden Frauen, die kleine Schulden haben, gezwungen, dort zu stehen, bis sie das Geld zusammen haben. Danach schaffen sie vielleicht nie wieder an, bei anderen wiederholt sich die Situation und sie gleiten in die Prostitution.

Es gibt natürlich auch in Brasilien Zuhälter, die ein oder einige Mädchen dazu anhalten, sich zu prostituieren, und auch Besitzer von Nachtclubs, die regelrecht Mädchen kaufen und ausbilden, aber der größte Teil der Prostituierten ist in Brasilien frei. In die Zwangsprostitution geraten sie meistens nur, wenn sie sich von Angeboten blenden lassen und sich ins Ausland vermitteln lassen.

Zur Fußballweltmeisterschaft 2014 hat auch die russische Mafia erstmals in Brasilien mitgemischt und bereits während des Baus des Stadions in Sao Paulo die Bauarbeiter mit Prostituierten versorgt. Die Brasilianischen Zuhälter konnten der brutalen Gewalt der Russen nichts entgegensetzen. Aber das Geschäft hat die Mafia anscheinend nicht überzeugt, denn nach der Weltmeisterschaft weiteten sie die Zuhälterei und den Frauenhandel nicht weiter aus, sondern investierten stattdessen in den Handel mit verbotenen Tieren. Er ist lukrativer, und die Strafen sind weitaus geringer.

Natürlich gibt es trotzdem Zwangsprostituierte, weil Mädchen oft durch Angehörige zu diesem Geschäft gezwungen werden. Wenn man an den Bundesstraßen mitunter minderjährige Mädchen sieht, sind es entweder selbst Drogensüchtige oder Töchter drogensüchtiger Väter oder auch Mütter, die von denen zum Anschaffen gezwungen werden. Auch im Hause werden Mädchen manchmal von den eigenen Müttern Nachbarn und Freunden zugeführt, um die Drogensucht zu finanzieren. Das passiert im engsten Kreis und fällt kaum auf, aber die Lehrer merken in den Schulen, dass irgendetwas nicht mit dem Kind stimmt, und wer Erfahrungen mit solchen Kindern hat, kriegt die traurige Wahrheit manchmal heraus.

Die weitaus sichtbarere Prostitution Minderjähriger an den Fernstraßen hat die sozialistische Regierung in den acht Jahren unter Lula hingegen deutlich vermindern können. Aber immer noch kann man vereinzelt Mädchen in ärmlichen Kleidchen am Straßenrand, vor Tankstellen oder am Rande ihres Wohnortes stehen oder auf dem Kantstein sitzen sehen. Wer dort vorbeifährt, ahnt oft nicht, dass sie sich anbieten wollen, aber die Fernfahrer wissen diese armen Mädchen schon zu erkennen.

Die Brasilianer kennen im Übrigen fast alle den Begriff Reeperbahn und denken an die Herbertstraße mit den Frauen in Vitrinen. Obwohl es in Amsterdam und anderen Städten Ähnliches gibt, spricht man in Brasilien, wie in vielen anderen Ländern, die ich kenne, immer nur von der Reeperbahn. Immerhin hat man Bilder davon ja auch in Hamburg-Büchern und Führern immer wie mit gewissem Stolz verbreitet, so dass sie sehr bekannt ist.

Da ich Deutscher bin, sagen die Brasilianer, die mich neu kennenlernen, dann das, was sie mal aus oder über Deutschland gehört haben: Bayern München, Sauerkraut und Reeperbahn. Einige kennen auch das Oktoberfest und „das Schloss", womit sie Neuschwanenstein meinen, das auf vielen Prospekten gezeigt wird. Sie finden es unglaublich und unmöglich, Frauen in Vitrinen zu präsentieren und mokieren sich. Ich lasse das natürlich nicht so auf mir sitzen und erkläre, dass es in Deutschland erstens oft zu kalt ist, um sich im Bikini auf der Straße zu präsentieren. Und dann erinnere ich, dass es viel besser für die Frauen ist, in einer Vitrine zu sitzen, als wie in den Laufhäusern in Belo Horizonte im Bikini oder gar nackt auf dem Flur, immer in Gefahr, begrapscht zu werden. Und wenn ich das sage, lachen die Brasilianer sehr und finden es unheimlich lustig, dass man Frauen in Vitrinen auch noch verteidigt.

Das zweite, was die Brasilianer völlig falsch sehen, ist das Verhältnis der Deutschen zu Sauerkraut. Sie hören, dass Sauerkraut ein typisches deutsches Gericht ist und stellen sich vor, dass es in Deutschland so gut wie jeden Tag auf den Tisch kommt. Der Brasilianer isst nämlich jeden Tag etwa das Gleiche. Feijão ist jeden Tag auf dem Tisch, es sind Bohnensamen, die es in schwarz, rotbraun oder ockerfarben gibt, und die aus den Schoten herausgeholt und getrocknet verkauft werden. Dadurch sind sie relativ haltbar und werden nur durch Insekten, also kleine Maden, bedroht, die sich überall bei der Hitze über die Lebensmittel hermachen, selbst über steinharte trockene Bohnen. Sie ähneln darin sozusagen den Holzwürmern, die es ebenfalls in Brasilien reichlich gibt und die Möbel zerfressen und nicht einmal vor Klavieren oder Kirchenorgeln halt machen. Man kann die Bohnen natürlich in ein sicheres Gefäß füllen, aber oft sind die Eier schon im Supermarkt drin. Wenn man Bohnen oder auch andere Getreideprodukte im Kühlschrank aufbewahrt, sofern dafür Platz ist, entwickeln die Maden sich natürlich viel langsamer. Zu den Bohnen gibt es Reis, Kartoffeln und Nudeln, oder wenigstens zwei dieser Zutaten, wobei Reis eigentlich nie fehlt. Dazu gibt es immer reichlich Fleisch, da dieses nicht viel teurer ist als die anderen Produkte, denn das Vieh steht ja auf der Weide oder Steppe, wo es keine Futterkosten verursacht. Besonders preiswert ist allerdings Geflügel, das auch schon in Fabrikhaltung gezüchtet wird, aber ein echter Brasilianer zählt Geflügel nicht so richtig zum Fleisch, sondern will Schwein oder Rind. Natürlich gibt es in bestimmten Gegenden auch Fisch oder Ziegenfleisch.

Das ist das tägliche Gericht mittags und auch abends, denn in Brasilien isst man zweimal warm. Zusätzlich wird um 16 oder 17 Uhr ein leichterer Lunch serviert. Oft wird das warme Essen gleich für zwei oder drei Tage gekocht. Es kann variiert werden, indem noch zusätzlich Kohl oder Salat oder Auflauf angeboten wird, aber die Grundprodukte fehlen nie, und in armen Familien gibt es auch nur die. Die harten, trockenen Bohnen müssen stundenlang kochen. Dazu macht Rayanes Oma früh morgens bereits ein Feuer aus Holzresten, meist vom Müll, hinter dem Haus in einer primitiven Feuerstelle, denn sonst würde der Herd zu viel Gas verbrauchen und für eine neue Gasflasche wäre vielleicht gar kein Geld da. Wer in der Innenstadt Feijão kocht und auf den Gasherd angewiesen ist (Elektroherde sind unüblich), benutzt einen Schnellkochtopf, der mit höherem Druck Temperaturen bis zu 150 Grad zulässt und die Kochzeit auf weniger als eine Stunde reduziert. Trotzdem kocht man meistens für zwei oder mehr Tage um Gas und Arbeit zu sparen, und damit der Feijão, der dann wie eine dicke Suppe ist, nicht umkippt, gärt und sauer wird, setzt man Knoblauch hinzu. Um ihn mehr als zwei Tage aufzubewahren muss man ihn aber in Tagesportionen aufteilen und einfrieren.

Gewohnt, jeden Tag Feijão zu essen, glaubt der Brasilianer, dass der Deutsche jeden Tag oder wenigstens sehr häufig Sauerkraut esse und ist dann verwundert, keines vorgesetzt zu bekommen, wenn er im Sommer einmal eine Reise nach Deutschland macht.

Was ferner noch das Wissen der Brasilianer über Deutschland abrundet, ist die Meinung, dass man überall, sogar in den Stadtparks, Frauen mit nackten Busen sehen kann, welcher Eindruck dadurch erweckt wird, dass gelegentlich solche Aufnahmen in den Zeitungen erscheinen, wodurch der Brasilianer dann denkt, dass das Phänomen sehr viel mehr verbreitet ist als in Wirklichkeit. Außerdem kennen die Brasilianer die Berliner Mauer, die sie sehr faszinierte, und haben normalerweise auch von Hitler gehört.

Das Image der Deutschen in Brasilien wurde dann während der Fußballweltmeisterschaft 2014 sehr verbessert. Spieler, die sich nicht hochnäsig benehmen und alles in Brasilien bemäkeln und schlecht finden, die sich auch mal mit einem einfachen Einheimischen, den sie gerade treffen, ablichten lassen, die für Projekte spenden und schließlich auch das vom DFB erbaute Spielerhotel für gemeinnützige Zwecke spenden, veränderten die alte Sicht vom militärischen, rassistischen, bürokratischen und trocken unzugänglichen Deutschen. Und wer zwanzig Jahre aus Deutschland weg war wie ich, merkt, dass auch die Gesellschaft lockerer geworden ist. Man schämt sich ja auch nicht mehr, Deutscher zu sein, wie nach dem Krieg, und kann so unbeschwerter und freier agieren. Die Kinder und Jugendlichen gehen sehr viel offener und lockerer mit den Erwachsenen um als früher und sind dabei freundlich. Nach dem Krieg waren sie erzogen, aber gehemmt, auch weil sie oft Angst vor den Erwachsenen hatten, später kam die Antibewegung mit der die Jugendlichen gegen die Erwachsenen ablehnend und oft sogar feindselig auftraten.

Im Endspiel 2014 Deutschland gegen Argentinien hatte Deutschland daher denn auch 180 Millionen brasilianische Fans auf seiner Seite. Die gewonnene Sympathie war durch die kurz zuvor erzielten sieben Tore gegen Brasilien nicht gerade größer geworden, wohl aber vielleicht durch das sportliche Verhalten der Spieler nach dem Spiel, die keine Häme zeigten, sondern die geschockten Brasilianer sogar trösteten. Der entscheidende Faktor war jedoch, dass kein Brasilianer wollte, dass Argentinien gewinnt. Die Argentinier sind die großen Rivalen auf dem Kontinent und auch im Fußball. Früher hatte man sogar Angst vor Kriegen, so wie ständig zwischen Deutschland und Frankreich, Polen und Russland, Vietnam und China oder vielen anderen benachbarten Länder. Die Argentinier sind stolz und versuchen, etwas europäischer zu erscheinen als die anderen Länder Südamerikas, gelten so aber in Brasilien als arrogant und rassistisch.

Daher steht auch Margareth Thatcher in der Gunst der Brasilianer, denn sie hat, nach deren Meinung, die Argentinier vor den Falklandinseln geschlagen.

Als Götze in der 113. Minute das erlösende 1:0 schoss, befreite er ganz Brasilien von einer Schmach, denn wenn Argentinien auf brasilianischem Boden triumphiert hätte, wäre die Schande perfekt gewesen und Argentinien stände glorreich und klar über Brasilien. Nun aber standen beide, fast also Seite an Seite, unter Deutschland, was für einen Brasilianer das weitaus kleinere Übel ist.

Der Deutsche denkt, wenn er an Brasilien denkt, oft an die riesigen unberührten Wälder. Jedoch ist das auch eine völlig schiefe Vorstellung, obwohl selbst der brasilianische Schriftsteller João Ubaldo Ribeiro nach seinem Berlinaufenthalt spottete, dass die deutschen Wälder so klein seien, dass man sich nicht verlaufen könne. Wenn man die Orientierung verlöre, liefe man einfach eine Stunde geradeaus, und unweigerlich stößt man auf das Ende des Waldes.

Das ist in Amazonien natürlich ganz anders, wer mit einem Flugzeug dort abstürzt und überlebt, muss schon Tage oder Wochen wandern. Er käme allerdings auch kaum durch, da es keine Wege gibt. Nur in Amazonien wohnt kaum jemand. Und die anderen Brasilianer haben keine Möglichkeit, auch nur für eine Stunde in einem Wald spazieren zu gehen. In weiten Gegenden sind die Wälder abgeholzt. In den Städten gibt es meistens keine Restwälder, höchstens, wenn einer zu einem Park geworden ist. Wenn man von einer Stadt zur anderen fährt, kommt man zwar mitunter durch Wälder, aber es gibt keine Wege. Man kann nicht einfach anhalten und einen Spaziergang machen. Denn die ganze Landschaft wurde aufgeteilt und Siedlern übergeben, die ihre Farmen errichteten. Daher verläuft neben der Straße der Zaun der Farm, und wenn es Wald gibt, gehört er zu einer Farm und kann nicht einfach betreten werden. In den vielen Jahren, in denen ich in Brasilien lebte, ist es mir nur vier oder fünf Mal gelungen, einen Wald zu betreten, obwohl mein kleiner Sohn durch Deutschlandbesuche Wald kennt und liebt. Um einen Wald zu betreten hätte ich eine Stunde mit dem Auto fahren und den Besitzer kennen und fragen müssen.

Es gibt ein paar Parks, und je nach dem, wo man wohnt, kann man sie auch schneller erreichen.

Wenn der Brasilianer sich so sehr über barbusige Frauen oder gar nackte Menschen an deutschen Stränden oder gar in Parks wundert, erstaunt das manchen Deutschen, denn er denkt, dass Brasilien viel freizügiger ist als Deutschland. Schließlich hat der Deutsche die Bilder von Brasilianerinnen mit unglaublich kleinen Bikinis oder nackten Sambatänzerinnen im Karneval und Shows in Erinnerung. Aber erstens legt jedes Land auf etwas anderes Wert und hat andere Tabus und bemerkt das Fehlen derselben in anderen Ländern. Außerdem neigen Reiseberichte natürlich dazu, die besonderen Fälle zu beschreiben, zu denen dann zum Beispiel Mädchen gehören, die sich prostituieren müssen, aber kaum Jugendliche, die ganz normal zur Schule gehen und dann ein biederer Bürger werden. Daher muss man bei allem berücksichtigen, dass in allen Ländern, auch in Ländern wie Thailand, die einen bestimmten Ruf haben, die meisten Menschen ein ganz biederes Leben führen. Und gerade in Brasilien sind viele Dinge sehr viel strenger als in Deutschland.

Jahrhundertelang in katholischer Tradition werden manche Traditionen jetzt ausgerechnet von evangelischen Pfingstkirchen, die der katholischen Kirche eigentlich sehr oppositionell gegenüberstehen, weitergeführt und vertieft, während die katholische Sexuallehre von den Katholiken weitgehend ignoriert wird. Denn wer die katholische Sexuallehre ernst nähme, dürfte nicht verhüten, und alle verhüten. So gewöhnen sich die Leute daran, die Vorschriften des Vatikans zu überschreiten. So hat das Verbot der Verhütung die katholische Autorität auf dem Gebiet der Sexualität sehr untergraben, und man fragt sich auch in Brasilien, ob denn ein Pater, der eigentlich gar nichts von Sex wissen dürfte, eigentlich überhaupt etwas zu diesem Gebiet sagen kann und darf.

Als ich neu war in Brasilien, arbeitete ich in Belo Horizonte in verschieden Projekten. Die lutherische Kirche betrieb am Rande einer Favela ein Gemeindezentrum, wo verschiedene Kurse und auch medizinische Betreuung angeboten wurden. Eines Tages erschien dort eine Frau und fragte nach der Möglichkeit, Keyboardunterricht bei mir zu bekommen, weil sie in ihrer kleinen evangelischen Kirche die Einzige sei, die Keyboard spiele, aber ihre Kenntnisse seien sehr rudimentär. Ich gab Unterricht in dem Gemeindezentrum, aber die Frau sagte mir noch, dass ihr Keyboard nicht mehr spiele. Da fragte ich, ob sie getestet habe, ob das Problem das Keyboard sei oder ob vielleicht nur der Trafo seinen Geist aufgegeben habe. Ich empfahl ihr, einen Trafo auszuleihen und das Keyboard zu testen, falls einer ihrer Bekannten einen Trafo habe, oder das Keyboard zum Unterricht mitzubringen, damit ich es testen könne. Die Frau ging und rief zwei Tage später an um zu berichten, dass leider niemand so einen Transformator habe und das Keyboard für sie ziemlich schwer sei, um es zu tragen, und ob ich es nicht abholen könne. Sie wohnte dicht bei, aber ich sagte, wenn ich schon dahin gehen müsste, könnte ich auch einfach meinen Transformator mitbringen und das Gerät an Ort und Stelle testen.

Als ich zu ihrem Haus kam, fand ich die Eingangstür nicht, da im Erdgeschoss eine Bar liegt. Die wird von dem Schwiegervater geführt, während der Mann der jungen Frau auswärts arbeitete. Daher ging ich in die Kneipe und fragte den Besitzer, der sich als Schwiegervater der Frau vorstellte und mich zur Tür geleitete, die in einem toten Winkel neben der Bar liegt. Drei Minuten später konnte ich bereits wieder gehen, denn mit meinem Trafo ging das Keyboard, also war der Trafo der Frau durchgebrannt und sie müsste einen neuen kaufen.

Zwei Stunden später tauchte ein wütender Mann im Gemeindehaus auf und verlangte mich zu sprechen. Es handelte sich um den Ehemann der Keyboarderin, der sich aufregte, dass ich das Haus betreten habe, obwohl die Frau alleine im Haus gewesen sei. Um ihn zu beruhigen bedankte ich mich erst einmal dafür, dass er mich über die Sitten aufklärte. Ich sagte, dass ich Ausländer sei und nicht so genau Bescheid wisse, zumal mich der eigene Vater ins Haus gewiesen habe. Im Übrigen sei ich nur drei Minuten geblieben.

Der Mann meinte, dass der Vater wohl offensichtlich nicht wusste, dass sein Sohn nicht zu Hause gewesen war. Doch er beruhigte sich und zog davon. Ich hatte bewusst nicht erwähnt, dass ja auch die Frau mich hereingebeten hatte. Ich hätte den Test mit dem Transformator ja auch an der Haustür oder in der Bar des Schwiegervaters durchführen können. Aber ich wusste nicht, ob er seine Frau schlagen würde, wenn er eine Mitschuld ihrerseits an der Sache ausgemacht hätte.

In den Favelas sind die Frauen oftmals noch sehr dem Manne untergeordnet und denken an eine Heirat um einen Versorger zu haben. Oft wollen sie möglichst früh Kinder haben. Trotzdem ist das Klischee, das deutsche Heiratsagenturen von der anschmiegsamen, heißen und unterwürfigen brasilianischen Frau anpreisen, vollkommen falsch. Auch in Brasilien gibt es ganz unterschiedliche Regionen und Charaktere, und nicht alle Frauen sind besonders heiß. Sehr emotionale Frauen wie zum Beispiel Valcenira werden als heiß bezeichnet, aber gerade das kann im Alltag sehr anstrengend werden, besonders wenn sie sehr sprunghaft sind und ihren Gefühlen und damit auch den Launen freien Lauf lassen. Und große Hitze kann bei mangelnder Erwiderung oder anderen Widrigkeiten in große Kälte umschlagen. Fast jede Frau ist auch anschmiegsam, wenn sie den Mann liebt und sich angezogen fühlt. Dazu muss es bei einer Katalogheirat erst einmal kommen. Keine Frau kann sich ja einfach befehlen, einen Mann zu lieben. Auch bei anderen Hochzeiten, die nicht nur aus Liebe, sondern aus finanziellen Erwägungen, oder weil ein Kind unterwegs war oder aus anderen Gründen erfolgen, ist die Liebe nicht von vorn herein vorhanden, sondern muss, wenn beide Partner gutwillig sind, mit der Zeit wachsen.

Die brasilianischen Kirchen, besonders die baptistische, leisten hier eine hervorragende Arbeit mit den Ehepaaren. Unter anderem gibt es jährliche Wochenenden innerhalb des Programmes „Verheiratet für immer". Dort lernen die Partner, wie man miteinander umgehen sollte, wie man dem Anderen täglich seine Liebe zeigt, und vieles mehr. Natürlich gibt es den christlichen Grundgedanken, dass die Frau im Zweifelsfalle dem Manne untertänig ist, aber es wird betont, dass der christliche Ehemann der Frau zwar vorsteht, aber im Sinne einer Mutter, die zwar ihren Kindern etwas zu sagen hat, aber in der Praxis zurücksteckt, um den Kindern ein gutes Leben zu ermöglichen und es ihnen so angenehm wie möglich zu machen.

Die Grundidee ist hierbei auch, dass es vermieden werden soll, dass ein Ehepaar jahrelang über dasselbe Thema streitet. Zum Beispiel, ob nachts das Fenster zum Schlafen offenbleibt. Wenn Mann und Frau verschiedene Ansichten haben, können Sie ein Leben lang streiten. Immer wieder kann der eine Partner darauf hinweisen, dass es furchtbar kalt am anderen Morgen sei, wenn das Fenster auch an kühlen Tagen offen gestanden habe. Der andere Partner wird ständig jammern, dass er Kopfschmerzen habe, weil er in der Nacht mit geschlossenem Fenster geschlafen habe usw. Am Ende verbittern beide, weil der Partner sich nicht einen Millimeter bewegt. Es kann sich ja auch nichts bewegen, da jeder erwartet, dass der Andere sich bewegt.

So ein Streit kann ungeheuer zermürben, und viele Ehen gehen über derartige nichtige Streitereien kaputt. Auch eine demokratische Abstimmung hilft da nicht weiter, da sie immer eins zu eins unentschieden ausgeht. Letztlich ist es für die meisten viel angenehmer, wenn es einen gibt, der das Sagen hat und die Entscheidung fällt. Der andere Partner weiß, dass er sich damit abzufinden hat, so wie ein Mitarbeiter im Betrieb sich abfindet, wenn der Chef verbietet, das Fenster zu öffnen.

Aber in dem Moment, wo die Kirche dem Mann die Verantwortung für die Entscheidung gibt, sagt sie ihm zugleich, dass er zum Wohle seiner Untergebenen, also seiner Frau und seiner Kinder entscheiden muss. Und damit bleibt einem guten Mann eigentlich in so einem Falle nur, nach Möglichkeit den Wunsch der Frau zu erfüllen. Nachdem er grundsätzlich die Verantwortung bekommen hat, denkt er darüber nach, ob es ihm wirklich so wichtig ist, wie das Fenster nachts bleibt, und sehr oft kommt er zu der Erkenntnis, dass es ihm eigentlich gar nichts ausmacht, aus Liebe zu seiner Frau zurückzustecken. Das würde er natürlich nicht machen, wenn die Frau versuchte, durch ständiges Genörgel oder handfesten Druck dazu zu zwingen, denn dann würde er erst recht störrisch werden. Und wenn doch, wäre er in diesem Falle stets unzufrieden.

Das hört sich jetzt natürlich sehr ideal an. Aber es gibt tatsächlich etliche Ehepaare, vor allem in den Kirchen, die es schaffen, so zusammenzuleben. Aber häufig binden sich solche gutherzigen Männer an Frauen, die befehlen wollen und die Gutmütigkeit ihres Mannes dazu ausnutzen, die ganze Macht an sich zu reißen. Und andersherum gibt es viele Frauen, die alles für ihren Mann machen, aber der Mann behandelt die Frau wie eine Sklavin. Manchmal scheint es mir, dass diese Gegensätze sich geradezu anziehen.

In der Praxis versuchen die meisten Frauen jedoch möglichst viel Macht auszuüben. Sie wollen keineswegs „untertänig" sein, wie sie es in Brasilien noch zur Hochzeit versprechen, jedenfalls in der Kirche, und fast alle heiraten kirchlich. Und da sie meistens mehr im Haus und mehr mit den Kindern zusammen sind, schaffen sie es mit der Zeit auch.

In der Erziehung der Kinder herrscht hingegen noch ganz klar die klassische Rollenverteilung vor, und Mädchen spielen mit Mädchensachen und Jungen mit Jungenspielzeug. Natürlich verbietet fast niemand seinem Kind, auch einmal etwas zu spielen, was tendenziell eher zum anderen Geschlecht gehört, aber ein Brasilianer würde sein Kind kaum dazu anhalten, die Rolle zu wechseln und geschlechtsneutral aufzuwachsen und schütteln den Kopf über Europäer, die solche Experimente mit ihren Kindern durchführen.

Viele Männer müssen ihre Rolle erst noch finden, wenn sie feststellen, dass ihre Frauen intelligent sind und mit vielen Dingen besser klarkommen als sie selbst und nicht ständig Hilfe und Schutz brauchen. Aber auch viele Frauen müssen ihre Rolle erst noch finden und verharren daher oft übertrieben unflexibel auf ihrer neu gewonnenen Rolle und haben Schwierigkeiten, auch einmal nachzugeben.

Einmal besuchte ich eine Familie, die zu einem Churrasco eingeladen hatte. Ich kam recht früh, da ich wusste, dass die Familie ein Swimmingpool hatte, und wollte mich auch anbieten den Grill zeitig anzuheizen oder dabei zumindest mitzuhelfen. Drei Frauen waren dabei, einen kleinen alten Schrank der Gastgeberin abzuschleifen und dann neu zu streichen. Eine Frau war Hochschuldozentin und passionierte Kunstmalerin und hatte auch die Farben des Schrankes ausgesucht und zudem einen ausgeliehenen Schwingschleifer mitgebracht. Die anderen beiden Frauen waren Bankfilialleiterin und Schuldirektorin, und sie versuchten gerade unter lebhafter Diskussion, das Schleifpapier einzuspannen.

Ich selbst habe eine abgeschlossene Tischlereiausbildung. Wenn ich in dem Beruf auch wenig Berufserfahrung habe, so ist natürlich der Umgang mit einem Schwingschleifer etwas Normales für mich, und so bot ich meine Hilfe an, vor allem, um das Schleifpapier einzuspannen. Ich sagte nicht, dass ich auch Tischler sei, sondern bot einfach meine Hilfe an und wurde aber schlichtweg ignoriert. Da Brasilianer gerne, laut und durcheinander reden, und ich zudem wegen meines ausländischen Akzents etwas schwieriger zu verstehen bin, wiederholte ich dreimal mein Hilfsangebot, merkte dann aber, dass es tatsächlich unerwünscht war. Die Frauen wollten es sich und uns beweisen, dass sie es konnten und keine Hilfe brauchten. Da erklärte ich ihnen wenigstens verbal, dass sie das Schleifpapier nicht quer zum Apparat, sondern längs einspannen müssten. Aber die Frauen fanden den Vorschlag völlig absurd und zeigten mir den Spannhebel an der Seite und sagten, dass das die einzige Stelle sei, wo man ein Papier befestigen könne.

Man muss den Spannhebel jedoch anziehen, dann öffnet sich vorne und hinten ein Spalt, wo das Papier hineingeschoben wird. Da jedoch jeder Schwingschleifer anders ist und ich nicht mehr in der Branche tätig bin, hätte ich es nicht so klar beschreiben können, ohne das Gerät in der Hand zu haben. Man wollte es mir aber nicht geben, das war deutlich zu merken, und so dachte ich mir, dass wer keine Hilfe wolle auch keine bekommen könne und ging in die Wohnung hinauf zu meinem Freund. Der schaute Fußball, und ich sah nebenbei meine Emails durch. Von Ferne hörte man an der Diskussion und dem nicht zu hörenden Geräusch des Schleifens, dass die Frauen nicht vorankamen. Sie taten mir leid, aber ich konnte ja nichts machen. Schließlich aber, als bereits eine Viertelstunde vergangen war, entschloss ich mich, hinabzugehen und noch einmal einen Versuch zu machen. Ich fragte, ob ich nicht vielleicht doch meine Hilfe anbieten könnte, und nunmehr, welch wundersame Verwandlung, schienen sie ganz froh über das Angebot zu sein und sagten sofort ja.

Und als ich das Papier fachkundig eingelegt hatte, da plötzlich fragten die Frauen mich, ob ich nicht Lust hätte, den Schrank auch gleich abzuschleifen.

Die Keyboarderin, deren Transformator nicht funktioniert hatte, konnte übrigens einen anderen kaufen und lernte weiter bei mir Keyboard. Eines Tages erschien der Ehemann erneut bei mir und lud mich ganz freundschaftlich ein, mit dem Chor der lutherischen Gemeinde, den ich seit einigen Monaten leitete und ausgebaut hatte, auf der Hochzeit seiner Schwester zu singen. Er hatte den Chor einmal mit seiner Schwester zusammen gehört, als wir auf der Woche der Familie, einer Aktion der lutherischen Gemeinde, gesungen hatten.

Die Hälfte des lutherischen Chores wohnte in der Stadt verteilt, aber drei Sänger hatten schon immer in der Favela gewohnt, und wir hatten unter meiner Leitung acht weitere Sänger in der Favela gewinnen können. Da niemand von denen Geld für Transport hatte, bezahlte das Brautpaar einen Mann, der einen Kleinbus für zwölf oder fünfzehn Plätze hatte. Die Hochzeit fand nämlich in einer Kirche ganz am anderen Ende der Stadt statt.

Ich liebe es, nach Karte zu fahren. Damals gab es noch keine guten Karten im Internet, und erst recht kein GPS. Aber die Brasilianer hatten auch oft keine guten Karten, das Telefonbuch von Belo Horizonte hatte jedoch eine sehr brauchbare, bedeutend genauere als die Karten anderer Metropolen.

Schwierig ist es, eine Route zu planen, wenn man nur die einzelnen Seiten aufschlagen, aber nicht die gesamte Strecke wie auf einem Faltplan ausbreiten kann. Aber ich hatte eine Route vorbereitet. Der Fahrer meinte jedoch, er kenne die Kirche und fuhr los. Ich verfolgte die Strecke auf der Karte, und der Fahrer nahm den Weg, den ich auch herausgefunden hatte.

Zunächst musste er den Weg zur größeren Umgehungsstraße nehmen. Ich fuhr die Strecke damals zum ersten Mal und war, wie so oft, schockiert über die Tatsache, dass überall Müll liegt. Brasilien hat ein großes Problem mit dem Müll. Obwohl der Staat den Müll kostenlos abholt, und das wegen der Hitze mehrfach in der Woche, liegt überall Müll herum. Das Hauptproblem sind die Menschen, die den Müll einfach wegwerfen ohne sich Gedanken zu machen, ob und wie er wieder abgeholt werden kann. So werden leere Grundstücke in kürzester Zeit mit Müll gefüllt. Am Strand lassen die viele Leute ihren Müll einfach liegen, und der Wind treibt die Plastiktüten ins Wasser oder in die angrenzende Vegetation. Bekannt wurde das Problem, als der im Wasser treibende Müll den Wassersport bei der Olympiade in Rio de Janeiro 2016 behinderte. Der Staat bezahlt eine relativ große Schar Straßenfeger, die den Müll dann aufsammeln, und viele sagen, man müsse den Müll schon deswegen liegen lassen, um deren Arbeitsplätze zu erhalten.

Das zweite Problem sind streunende Tiere. Die Menschen stellen den Hausmüll in Plastiktüten an die Straße. Dann kommen streunende herrenlose Hunde, aber zum Teil auch andere Tiere wie Pferde, Kühe oder sogar obdachlose oder andere mittellose Menschen und durchwühlen und zerreißen den Müll auf der Suche nach Essbarem. Einige Häuser haben an der Straße einen hochgelegenen

Gitterkorb, in den man den Müll legt. Dann erreichen die Hunde ihn nicht mehr.

Ich erinnere mich, wie wir in Deutschland mit der ganzen Dorfgemeinde oder auch in der Großstadt manchmal Müllsammelaktionen durchgeführt haben. Noch in den Siebziger Jahren wurden unglaubliche Mengen aus den Knicks, Wäldern und Wiesen gezogen. Aber dann ist das Bewusstsein gewachsen und heute sind es nur noch ein paar ganz asoziale Typen, die ihren Abfall auf den Weg oder in die Hecke schmeißen. Von so einem Erziehungsprozess ist Brasilien natürlich noch weit entfernt. Und so sind die Straßen in vielen Gegenden von zigtausenden Stücken Abfall gesäumt. In besseren Gegenden geht dann zweimal pro Woche ein kleiner Trupp Straßenreiniger in orangen Anzügen durch die Straße und sammelt alles auf und fegt die Straße. Die Straßenreiniger sind ganz einfache Leute, die in der heißen Sonne schuften und auch sehr wenig verdienen, aber immerhin als Staatsangestellte einen relativ sicheren Job haben, der auch registriert ist, so dass sie später einmal Rente bekommen. Daher sind die Bewerbungen sehr überlaufen, wenn so eine Stelle ausgeschrieben wird. Und so wie die neuen Vorschriften für Einstellungstest für alle öffentlichen Arbeitsplätze sind, müssen auch sie Fragen in Portugiesisch und Informatik beantworten.

Nach einer knappen Stunde hätte der Fahrer unseres Kleinbusses rechts abbiegen müssen, fuhr aber weiter geradeaus. Ich fragte sogleich, ob er nicht hätte rechts abbiegen müssen. Der Fahrer meinte nein und fragte, ob ich denn schon mal hier gewesen sei. Ich verneinte, sagte aber, dass ich eine Karte dabeihätte und die Route verfolgt hätte. Der Fahrer wunderte sich und fragte wie ich denn sagen könne, dass man rechts abbiegen müsse, wenn ich niemals da gewesen sei. Ich sagte, dass ich Karte läse, aber das sagte ihm wohl nichts. Dann begann er zu halten und Passanten zu fragen, aber niemand wusste den richtigen Weg. Einige wiesen sogar in die falsche Richtung, andere sagten, sie hätten nie von so einer Kirche gehört. Längst hätten wir bereits da sein sollen und eine Probe machen, und der Busfahrer irrte immer weiter umher. Meine Kursvorschläge wurden einfach ignoriert, deswegen hatte ich schließlich gar nichts mehr gesagt. Schließlich sagte der Fahrer, dass es nicht möglich sei, die Kirche zu finden und ob denn nicht jemand eine Telefonnummer von jemandem dort hätte. Aber niemand hatte eine, damals gab es auch noch nicht so viele Handys, und im Bus hatte niemand eines. Da versuchte ich es noch einmal: „Wollen Sie denn nicht jetzt wenigstens einmal probieren, nach meinem Plan zu fahren?"

Und jetzt endlich sagten einige Sänger: „Ja, mach das doch, probier es mal." Und so sagte ich die Route an. Die zweite Straße links, danach die dritte Straße rechts usw. Straßenschilder gibt es nicht immer, man muss also mitzählen. Der Fahrer fühlte sich verarscht und auch die Anderen fanden meine Angaben sehr merkwürdig. Schließlich sagte ich: „Jetzt die nächste Straße rechts, und die Straße macht nach hundert Metern eine Kurve, und in der Kurve müsste die Kirche sein." Und einige Sänger platzten heraus: „Aber woher willst du das denn wissen, wenn du noch nie hier warst?"

Als die Kirche dann in der Kurve wie angekündigt auftauchte, konnten die Leute es nicht fassen.

Damals, im Jahre 2002, war das Internet in Brasilien wegen der Armut noch wenig verbreitet, heute aber ist es überall präsent und wird sehr stark benutzt, und man hat Zugriff auf Landkarten bei Google und natürlich auch GPS. Die Brasilianer sind da viel weniger hemmungslos als die Deutschen, die wissen, dass man nicht zu viel im Internet sein sollte. Staatliche Schulen, denen es an vielem mangelt, kaufen plötzlich Tablets oder Laptops für die Schüler, die meistens dann schnell kaputt gehen.

Wer einen Termin bei der Polizei braucht um zum Beispiel einen Pass oder Ausweis zu beantragen, muss den Termin online buchen und kann sich unter den nächsten freien Terminen einen aussuchen. Wer kein Internet hat, muss Freunde um Hilfe bitten. Und sogar die Wahlen finden bereits seit 1996 elektronisch statt, also ohne Wahlzettel. Man geht ins Wahllokal und tippt die auf allen Wahlplakaten und Spots veröffentlichten Nummern der Kandidaten in die Wahl-geräte ein. Jeder darf zwei Abgeordnete aus der riesigen Menge aus-wählen, dazu hat jeder eine Stimme für den Präsidenten, eine für den Gouverneur des Bundesstaates und eine für einen Senator. Jeder Kandidat hat eine Nummer, somit muss der Wähler die fünf Num-mern richtig eintippen, die er sich besser notiert haben sollte. Nach erfolgter Eingabe taucht dann zur Bestätigung der Name des Kandi-daten auf. Da die Wahl Pflicht ist, macht man sich jedoch keine Mühe, die Stimmabgabe so angenehm wie möglich zu machen, und es bilden sich immer lange Schlangen.

Am Tag der Hochzeit wurde der Chor eingeladen, noch zur Feier zu bleiben, was vor allem die jugendlichen Sänger aus der Favela freute. Was für eine Enttäuschung jedoch für sie, als sie die teuren Gerichte sahen: alles japanische Dinge, kleine Bälle aus Reis mit Fisch und Algen usw., und die Jugendlichen kannten das nicht, es war ungewohnt und daher mochten sie nicht essen.

Die Familie des Bräutigams war wohlhabend und hatte dieses Es-sen bestellt. Die Schwester des Bräutigams war aus Governador Va-ladares, einer Stadt im Bundesstaat Minas Gerais, die sehr flach ist und daher ausnahmsweise viele Radfahrer und auch Radfahrwege hat. Außerdem ist sie Zentrum der Paraglider, die von den hohen und steilen Bergen herunterspringen und -gleiten. Sie ist Filialleite-rin einer Bank. Ihr Mann ist Moslem aus dem Libanon und verdient als Vertreter vergleichsweise wenig. Er ist gutmütig, betont die Ge-meinsamkeiten des Islam mit dem Christentum, aber versucht im-mer die fünf vorgeschriebenen Gebete am Tage einzuhalten. Ab und zu kauft er ein Monatslebensmittelpaket mit Basisprodukten, wel-ches man fertig im Supermarkt kaufen kann und das auch manche Chefs ihren Mitarbeitern kaufen, und bringt es einer armen Familie. Einer der Säulen des Islams ist ja das Almosengeben.

Ganz allgemein zeigt sich der Islam in Brasilien wenig kriege-risch, was auch wohl am allgemeinen brasilianischen Lebensstil liegt, aber er ist ja auch in einer ganz kleinen Minderheit. Dennoch ist er zuletzt stark gewachsen, weil vor allem manche Frauen sich von der Idee, einen Mann zu heiraten der wirklich dominant und machohaft ist, faszinieren lassen. Sie denken nicht darüber nach, dass es aus dem Islam kein Zurück gibt und ihre Töchter nicht die Freiheit haben werden, wieder Christen oder etwas anderes zu werden. Zur Zeit gibt es um die eine Million Moslems, die Angaben schwanken aber stark. Laut staatlicher Statistik sind es weniger.

Sie häufen sich im Westen an der argentinischen Grenze bei der Stadt Foz de Iguaçu, wo es die größten Wasserfälle der Welt gibt, was die Wassermasse betrifft, die herunterrauscht. Dort liegt ebenfalls das größte Wasserkraftwerk Itaipu. Die USA beschweren sich schon lange, dass die Moslems dort sogar ein Ausbildungscamp für Terroristen unterhalten, aber die Regierung in Brasilien macht sich nichts daraus. In der Außenpolitik zeigte die sozialistische Regierung sich immer US-kritisch und lobte Kuba und Venezuela, und auch oft die moslemischen Staaten. Auch der IS hat schon etliche Mitglieder in Brasilien, die übers Internet angeworben wurden und bisweilen als Schläfer auf ihre Stunde warten. Möglicherweise führt der Schmusekurs der Regierung mit den islamischen Ländern dazu, dass Brasilien bisher vom Terrorismus verschont blieb, aber natürlich steht die berühmte Christusstatue, die über Rio ihre Arme ausbreitet, schon längst auf den Zerstörungslisten des IS.

Einer der Ausbilder in dem Camp heißt Muhammed und war 1997 an dem sogenannten Massaker von Luxor als Helfer beteiligt, bei dem 70 Menschen, vornehmlich Touristen, grausam dahingemetzelt wurden. Er konnte damals nach Brasilien fliehen, wurde aber 2002 durch Hinweise vom amerikanischen Geheimdienst gefasst. Im Gefängnis blieb er aber nur drei Monate. Der ausländische Staat, der eine Auslieferung beantragt, in diesem Falle Ägypten, muss innerhalb von drei Monaten die juristische Begründung schicken. Ansonsten muss der Gefangene entlassen werden und darf nie wieder für dasselbe Vergehen festgenommen werden.

Es gibt in Brasilien noch keine Terrorismusgesetze, und so galt das Gesetz auch für Muhammed. Seine Familie aber bestach in Ägypten einen Richter, der die Absendung der Dokumente verschleppte, so dass sie zu spät in Brasilien eintrafen, so dass er entlassen wurde und nun in Sicherheit lebt.

Muhammed arbeitet im Ausbildungscamp nur zeitweise, ansonsten verkauft er als Vertreter Haushaltsprodukte, oft von Haus zu Haus. Er ist verheiratet, rühmt sich aber vielfach, dass er bei seinen Hausbesuchen unheimlich viele Frauen „flach" legt. Er liebt es sehr, davon zu erzählen. Einmal sagte ich ihm: „Du hast doch siebzig Menschen getötet, damit in Ägypten die Sharia eingeführt wird. Die Sharia verlangt, dass Ehebruch mit Steinigung bestraft wird. Ich weiß zwar, dass in der Praxis oft nur die Frau gesteinigt wird, aber nach dem, was ihr fordert, sollte sogar auch der Mann gesteinigt werden. Wie passt das mit deiner Lebensweise zusammen?"

Er lachte nur und sagte: „Ihr Europäer müsstet das doch wissen. Ihr esst doch auch nicht jeden Tag das Gleiche zum Mittag. So kann man auch nicht immer nur mit ein und derselben Frau schlafen."

Als 2015 die Wirtschaftskrise in Brasilien begann, konnte Rayanes Mann nicht mehr so viel verdienen, und Rayane hatte inzwischen ein Kind bekommen. Da half wieder ihre Vermieterin Rosangela. Diese passte auf das Kind auf und Rayane fuhr zweimal in der Woche in die Innenstadt um bei einer wohlhabenden Familie sauberzumachen. Diesen Job hatte sie von dem Holländer vermittelt bekommen, ihrem ehemaligen Schwager. In Brasilien bräuchte ich das Wort „ehemalig" nicht zu schreiben, da Ehen zwar mit der Scheidung enden, Verschwägerungen jedoch nicht. Wer viele Ehen hatte, sei es amtlich oder in wilder Ehe, besitzt dann fünf, sechs oder mehr Schwiegermütter. Und alle diese brauchen als Schwiegermütter zum Beispiel nicht vor Gericht aussagen, da sie nahe Verwandte sind.

Rosangela sagte immer, je älter man werde, desto mehr müsse man auf Sauberkeit achten, denn der Schweiß einer „Alten" sei nun mal weniger angenehm als der eines jungen Mädchens, und sie schaute dann vielsagend auf die hübsche und junge Rayane. Nach ihrer Theorie hätte das Baby dann ja noch weniger zu baden gebraucht, aber sie badete es meistens etwa fünfmal am Tage. Morgens, mittags und abends sowie wenn es müde war oder wenn es zu aufgedreht war oder länger weinte. Das Baden half anscheinend gegen alles. Rosangela war froh, das Kind zu haben, denn sie wollte gerne bis an ihr Lebensende anderen nützlich sein. Der Gedanke, ein Pflegefall zu werden und selbst anderen zur Last zu fallen, war ihr ein Gräuel, und sie hatte ja auch nur eine Tochter, zu der sie dann ziehen könnte.

Rayanes Arbeitgeber war auch eine Familie mit holländischen Wurzeln, die aber schon zwei Generationen in Brasilien lebte und eine Firma hatte. Anfang 2015 lief die Firma noch relativ gut, und so konnten sie sich eine Haushaltshilfe leisten. Eines Tages musste Rayane plötzlich weinen und wollte nicht mehr weiterarbeiten und sagte, sie müsse sofort zu ihrem Kind. Sie versuchte, Rosangela anzurufen, aber die ging nicht ans Telefon, und Rayane weinte noch mehr und sagte, es müsse etwas passiert sein. Auf Nachfragen konnte sie es nicht erklären, aber beharrte darauf so hartnäckig und hörte nicht auf zu weinen, dass der Hausherr, der gerade zugegen war, sie persönlich nach Hause brachte. Von weitem hörte sie ihr Kind weinen. Es hatte Hunger. Die Mittagszeit war schon vorbei. Rosangela aber hatte sich etwa um 11 Uhr noch geduscht, das Mittag bereitet, alles aufgedeckt, aber dann war ihr vielleicht schwach oder schwindelig geworden, jedenfalls hatte sie sich auf ihr Bett gelegt und war ganz friedlich verstorben.

Einmal sagte mir ein Bekannter: „Diese Gegend heißt Ilha do Príncipe (Prinzeninsel). Hier unten auf der Ringstraße ist es halbwegs sicher, aber dort oben auf den Hügel sollte man auf keinen Fall hinaufgehen."

Nun liegt dieses Viertel in Luftlinie genau auf dem Weg, wenn ich meine Schwiegereltern besuche. Und als ich den Weg ausnahmsweise einmal zu Fuß machte, nutzte ich es natürlich aus, um mitten über den Hügel zu gehen.

In dem Moment, wo jemand mir sagt, dass diese oder jene Gegend gefährlich ist, wird sie für mich gerade interessant. Ich habe keine Berührungsängste, aber man muss natürlich auch immer gewisse Verhaltensregeln einhalten.

Diese Neugier und mein Hang zum Risiko haben mir in Verbindung mit meiner Arbeit als Musiker und Übersetzer, durch die ich Zugang zu den unterschiedlichsten Bereichen bekomme, erlaubt, Dinge, Orte und Hintergründe kennenlernen zu können, in die sonst kein Schriftsteller oder Journalist Einblick erhält. Erfahrungen aus 20 Jahren Aufenthalt in Brasilien habe ich in diesem ungewöhnlichen Bericht zusammengestellt. Begegnen Sie den ganz unterschiedlichen Menschen Brasiliens, von Obdachlosen und einfachen Bewohnern der Favelas bis hin zum bekanntesten brasilianischen Drogenboss und frivolen und korrupten Politikern und lesen Sie über die Dinge, die im Hintergrund der brasilianischen Gesellschaft ablaufen und den Werdegang des Landes meistens sehr behindern.

Sassnitz, 2016

A.Bergstedt

Zeitfracht Medien GmbH
Ferdinand-Jühlke-Straße 7
99095 Erfurt, Deutschland
produktsicherheit@kolibri360.de